KB114998

이토록 다정한 공부

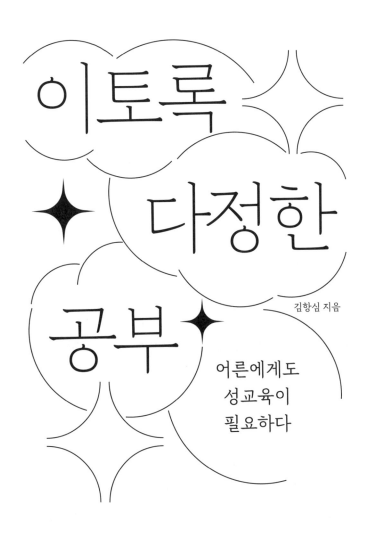

이토록 다정한 공부

김항심 지음

어른에게도
성교육이
필요하다

어떤책

누구에게나 성교육이 필요하다

한 사람이 품고 있는 힘을 사랑합니다. 자신을 있는 그대로 존중하는 힘, 타인과 사랑으로 연결되는 힘, 더 나은 존재로 걸어나가는 힘, 다른 존재들을 끌어안는 힘, 당장의 결심으로 작은 것부터 실천하는 힘. 한 사람의 품 안에 있는 이렇게 다양한 힘들을 살살 일으켜 세우고 싶어서 강의를 합니다.

성교육 강사로 교육의 공간에서 보낸 시간이 20년이 넘었습니다. 사람들 앞에서 말을 하는 존재로서 제가 가닿고 싶은 곳은 언제나 사람들의 마음입니다. 그들의 마음에 제 말이 잘 도착해서 각자가 품고 있는 힘들이 살아나기를 얼마나 바라는지 모릅니다.

제가 생각하는 성교육은 한 사람 한 사람이 자신의 힘을 온전하게 발휘하도록 돕는 것입니다. 그리고 섹스는 한 사람과 한 사람이 힘을 들여 깊고 깊은 관계를 맺는 일이죠. 성은 삶의 핵심 주제이기 때문에 이 주제에 대한 답을 내놓지 않아도 되는 사람은 없습니다. 이왕이면 좋은 섹스를 해야죠. 좋은 섹스는 결코 저절로 이루어지지 않습니다. 섹스의 능력은 키워 가는 것입니다. 섹스의 영역에서도 배울 것이 있고, 성찰할 것이 있고, 실천할 것이 있다는 메시지가 바로 제가 교육 현장에서 전하고 싶은 내용입니다. 성교육이 필요하지 않은 사람은 없습니다.

저는 1년에 300회 이상 강의를 합니다. 그중에서도 요즘 제가 많이 만나는 학습자는 양육자들입니다. 주로 30대, 40대 여성들과 남성들이죠. 최근 1년 동안 진행했던 강의만 세어도 200회 정도 되니 제법 많은 분들을 만나고 있습니다. 이분들은 늘 반짝거리는 눈빛을 보여 줍니다. 아이들 성교육이 너무 중요한 건 알지만 막상 어떻게 해야 할지 몰라 배우러 오신 분들이니 더욱 그렇겠죠. 그런데 강의를 다 듣고 나갈 때는 의외로 아이가 아니라 자신의 이야기들을 합니다. 성에 대한 자신의 태도와 성적 관계를 돌아보게 되었다고요. 어릴 때 이런 성교육을 받았더라면 지금의 삶이 많이 달라졌을 거라고요. 그렇게 어른에게도 성교육은 꼭 필요한 것이라는 피드백을 해주십니다. 맞는 이야기입니다. 성교육은 결국 내가 어떤 존재가 될 것인지와 관련된 공부니까요.

　오래전부터 어른에게 맞춤한 성교육 책을 쓰고 싶었습니다. 성에 대한 이론적인 이야기보다 제 삶을 통과해 나온 살아 있는 이야기를 하고 싶어서 조금 긴 시간을 묵혀 왔습니다. 더는 미루지 않고 책을 쓰기로 마음먹은 데는 두 가지 이유가 있습니다. 첫째는, 제가 50대가 되었다는 것입니다. 성교육 강사라는 직업을 가지고 있어도 사회규범으로부터 완전히 자유로울 수 없던 시간을 거쳐 왔습니다. 이제 중년의 허리 단계를 지나다 보니 조금 더 적극적으로 성 이야기를 해야겠다는 생각이 들었어요. 내가 성을 자유롭게 이야기하지 못한다면 누가 할 수 있을까? 가부장제 굴레로부터 내가 먼저 용감하게 걸어 나와야 하지 않을까? 저의 뒷모습이 누군가에게 용기를 줄 거라는 믿음이 이 책을 쓰도록 밀어주었습니다.

　두 번째는 저와 남편이 다정한 성관계를 하고 있다는 겁니다. 실천하지 못하는 이야기는 공허할 뿐이지요. 내 몸과 삶을 통과한 이야기만이 다른 이들에게 단단한 힘을 줄 수 있다는 생각을 늘 품고 있습니다. 다정하고 친밀한 성적 관계를 맺어야 한다는 메시지는 오로지 제 삶에서 길어 올린 경험으로만 전할 수 있는 거지요. 다행히 남편과의 섹스가 즐겁습니다. 우리의 몸은 여전히 생기로 단단하고 서로에게 줄 수 있는 기쁨의 정도를 알고 있습니다. 우리는 호르몬이 줄고 관심이 시들해지고 힘이 빠지고 관계가 지루해진다는 중년 이후의 성적 각본을 따르지 않습니다. 대신 우리만의 성적 서사를 새롭게 쓰고 있습니다.

여러분이 생각하는 좋은 섹스는 어떤 섹스인가요? 사람마다 대답이 다르겠지요? 다만 확실한 것은 섹스는 다른 사람과의 관계에서 이루어지는 구체적인 행위이므로 좋은 섹스를 향해 함께 조율해 나가는 과정이 필요하다는 겁니다. 성관계를 함께하는 사람의 욕구와 취향을 알아차리고 배려하는 것부터 나의 욕망을 표현하고 서로 격려하는 것까지, 몸과 마음이 통째로 같이 움직여야 하지요.

《이토록 다정한 공부》는 좋은 섹스에 이르는 방법을 알려 주는 책입니다. 다시 말해, 성적인 존재로서 자기 정체성을 돌보는 법을 알려 주고 원하는 방향으로 성생활을 향유하도록 도와줍니다.

집에서 바닥 청소를 하다가 이런 생각이 들었습니다. 결혼하고 몇십 년을 살다 보면 하다못해 걸레질하는 요령도 느는데, 왜 서로 사랑하는 기술은 늘지 않을까? 왜 섹스의 경험은 깊어지지 않을까? 왜 더 잘하려고 노력하지 않을까? 삶의 다른 역량은 키우려고 애쓰면서 왜 성생활에 있어서는 성장하려고 하지 않을까?

섹스를 잘한다는 것은 주체적인 삶을 산다는 것과 같습니다. 섹스는 자기의 것을 되찾고, 자기로 충만해지고, 생의 에너지를 얻는 삶의 토대입니다. 성폭력이 만연하고 만남보다 고립과 단절을 선택하기 쉬운 지금 여기에서, 여러분에게 다정한 성관계를 통한 연결의 기쁨을 찾아 주고 싶습니다. 성이 주는 위안과 에너지를 알려 주고 싶습니다. 더 나아가 우리를 가두고 있는 낡은 고정관념을 탕탕 두드려 깰 수 있는 무기를 손에 들려 주고 싶습니다.

이 책을 읽은 여러분들이 몸의 감각을 되찾고, 몸과 마음이 진정으로 원하는 것에 주의를 기울이며, 타인과 사랑으로 연결되기를 바랍니다.

차례

시작하며: 누구에게나 성교육이 필요하다 • 4

1장
섹스하는 삶과 섹스하지 않는 삶

섹스를 방해하는 걸림돌들 • 16

내 몸이 바로 나이기 때문에 • 22

사랑 없이도 섹스할 수 있다 • 29

동의라는 로맨틱 • 33

섹스를 권하는 마음 • 38

잃어버린 성욕 되찾기 • 42

섹스가 신나고 따뜻하려면 • 48

그냥 섹스 아니고 좋은 섹스 • 55

보지에 관한 연구 • 61

남성의 성기를 공부하다 • 71

그 좋은 오르가슴, 우리도 느껴 보자 • 78

오르가슴에 관한 수다 • 87

좋은 섹스의 기본 조건 • 95

2장

더 좋은 관계를 위한 선택들

눈빛, 손잡기, 포옹, 키스, 섹스는 연결돼 있다 • 102

강한 남성에서 공감하는 남성으로 • 105

울수록 자유로워진다 • 113

다른 존재가 되기 위한 일상의 실천들 • 117

성적 욕망은 다양한 얼굴을 하고 있다 • 124

섹스리스 부부가 왜 문제인가 • 130

성매매 안 하는 남자들 • 134

포르노와 자위 • 140

포르노 보는 습관을 바꾸는 법 • 146

그건 교제폭력이다 • 151

신혼부부와 예비부부를 위한 성교육 • 154

좋은 관계와 좋은 섹스를 연결하는 연습 • 157

3장
세상을 끌어안는 법

내일의 섹스가 좋아지려면 • 166

다른 존재가 될 수 있음을 믿는 힘 • 174

일상의 대화부터 빛나게 • 180

소셜미디어로부터 자유로워지기 • 185

쫄지 않는 마음 • 191

성폭력 생존자가 보여 주는 힘 • 196

성찰의 눈을 갖도록 돕는 일에 관하여 • 200

세상에는 더 많은 앨라이가 필요하다 • 205

그럼에도 나아가겠다는 결심 • 213

보여 주기 위한 몸 대신 움직이는 몸으로 • 219

완경을 기다리며 • 224

4장

어른의 성 Q&A(성교육 현장의 질문들) · 228

1. 월경 중에 섹스해도 되나요? 2. 질 속에 콘돔이 들어갔어요. 3. 질의 맛이 궁금해요. 4. 여성용 섹스토이도 있나요? 5. 삽입하면 아픈 게 정상인가요? 6. 아내가 섹스를 거부해요. 7. 성욕이 너무 강해서 걱정이 됩니다. 8. 결혼 예정인데 자궁근종이 있대요. 9. 경구 피임약, 안심해도 될까요? 10. 질외사정, 괜찮은가요? 11. 콘돔 사용할 때 주의할 점이 있나요? 12. 스트레스 좀 받았다 싶으면 성기가 가려워요. 13. 집에서 브래지어를 챙겨 입어야 할까요? 14. 질에서 바람 빠지는 소리가 나서 창피해요. 15. 섹스 후 월경이 없습니다. 16. 우리 애만 성교육한다고 달라지지 않을 것 같아요. 17. 성 관련 뉴스, 아이들한테 어떻게 말해 줘야 하나요? 18. 남편이 딸들에게 혼전순결을 자꾸 강조합니다. 19. 발기가 되거나 질이 젖으면 흥분했다는 의미인가요? 20. 성기가 가렵고 냄새가 심하게 납니다. 21. 직장상사와 술을 마신 것까지 기억나는데 일어나 보니 알몸이고 모텔입니다.

더 나은 존재, 더 좋은 섹스를 위한 책 읽기 · 280

작가의 말 · 281

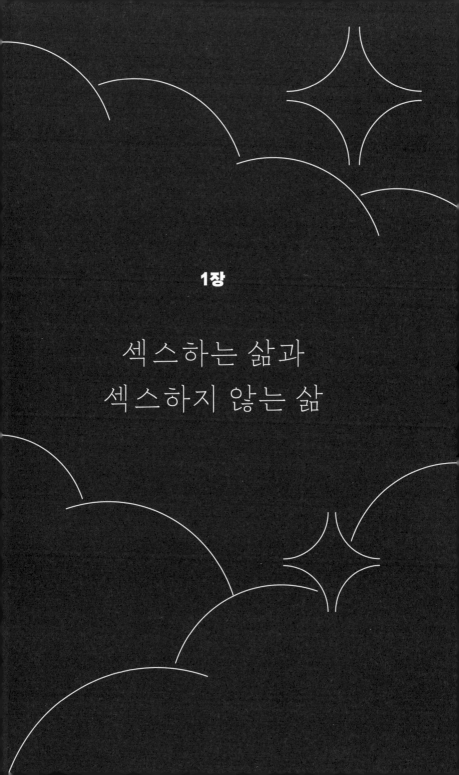

1장

섹스하는 삶과
섹스하지 않는 삶

섹스를 방해하는
걸림돌들

섹스를 하고 싶지 않다고 말하는 여성들을 자주 만납니다. 이유도 다양합니다. 가장 개인적인 것이 가장 정치적이라는 말처럼, 개별 여성의 이유들은 모든 여성의 이유가 되기도 할 겁니다.

제가 성교육 현장에서 만난 여성들은 주로 네 가지 이유로 섹스를 원하지 않았습니다. 하나하나 살펴볼까요?

하나, 내 몸이 매력적이지 않다는 인식

섹스하는 와중에도 자기 몸에 대한 검열은 끊임없이 작동합니다. '배가 나왔어', '피부가 거칠어', '체모가 너무 많아', '나쁜 냄새가 나면 어쩌지', '가슴이 작다고 흉보면 어떡해…….' 많은 여성이 상대에게 내 몸이 어떻게 보일까 지나치게 신경 쓰느라 섹스에 온전히 몰입하지 못합니다.

우리는 자신의 몸을 사회의 기준에 맞춰 판단하고 평가하며 성장합니다. 여성이라면 풍만한 가슴, 잘록한 허리, 티 하나 없는 매끈한 등, 하얀 피부를, 남성이라면 큰 키, 넓은 어깨, 진한 눈썹을 매력적인 몸의 기준으로 내면화합니다. 하지만 사회의 기준에 맞추면 자기 몸을 부정적으로 바라볼 수밖에 없습니다. 내 몸의 주인은 내가 아니라 내 몸을 보는 타인의 시선이 됩니다.

남성보다 여성에게 이런 경향은 더 강하게 나타납니다. 날씬하게 보여야 한다는 강박 속에 옷을 고르고 식생활을 관리하는 현실은 아주 어린 시절부터 시작되지요. 그러나 아무리 관리한다 해도 이상적인 몸에는 가닿지 못합니다. 내 몸은 늘 뚱뚱하게만 보이거든요.

자기 몸이 이쁘지 않다고 여기는 사람이 섹스에서 파트너에게 있는 그대로 자신을 보여 주기란 쉽지 않겠지요. 자기 몸에 자신감이 있어야 몸과 마음이 편안하게 열립니다. 몸에 부정적인 인식을 품고서는 섹스를 즐기기가 어렵습니다.

둘, 임신과 성매개 감염에 대한 공포

인류가 고안한 모든 피임법 중 100퍼센트를 보장하는 피임법은 없고, 섹스 중에 파트너 몰래 콘돔을 빼 버리는 스텔싱 범죄까지 일어나는 현실에서 여성이 갖는 임신 공포는 아주 큽니다. 느낌이 좋지 않다는 이유로 콘돔을 쓰기 싫어하는 남자들의 이야기도 자주 들리고요. 원나잇이든 오랜 파트너와의 관계든 성매개 감염병은 언제든 걸릴 수 있습니다. 피임에 대한 여성의 권리를 인정하지 않으며, 피임 실패에 따르는 법적 윤리적 부담을 나누는 일에 무관심한 사회에서 임신과 성매개 감염병의 공포는 여성이 섹스를 온전히 즐기지 못하는 걸림돌이 됩니다.

셋, 섹스하는 여성을 따라 다니는 낙인

'밝히는 여성'으로 보면 어떡하나 하는 두려움은 생각보다 큽니다. 많은 여성이 안정적인 관계에서의 섹스에서조차 '성경험이 많은 여성', '정숙하지 않은 여성'으로 비칠까 봐 염려합니다.

종종 성교육 시간에 섹스 후 갖게 되는 부정적인 감정에 대해 학습자들에게 물어봅니다. 성별에 따라 돌아오는 대답이 다릅니다. 여성 학습자들은 "헤어지게 될까 봐 두렵다", "소문 날까 봐 불안하다", "부모님이 알게 될까 봐 무섭다"는 대답을 합니다. 이에 비해 남성 학습자들은 대부분 "파트너에게 성적 만족감을 주지 못했을까 봐 불안하다"는 대답을 합니다.

안타깝게도, 섹스 후 여성이 갖는 불안감은 단순한 불안감에 그치지 않습니다. 실제로, 섹스를 나눈 사실이 원치 않는 소문이 되어 널리 퍼지는 일들이 있으니까요. 그리고 우리는 남성의 성적 경험이 남성성을 과시하고 확인받는 기회가 되는 사회에 살고 있습니다. 문제는 여성의 성적 경험이 남성만큼 존중받지 못한다는 데 있습니다.

여성은 성적 주체성, 즉 성적 자기 결정권을 가진 존재로 인정받지 못합니다. 성적 관계에서 자신의 욕망을 솔직하게 드러내고 주도적인 역할을 하기가 어렵습니다. 원하는 사람과 원하는 순간에 원하는 방식으로 섹스할 수 있는 권리가 제한된 사회에서 여성은 스스로 몸과 마음을 가두게 됩니다.

저는 먼저 섹스하는 여성의 목소리가 많이 퍼져 나와야 한다고 생각합니다. 성폭력 피해자의 용감한 목소리가 폭력적인 문화를 바꿔 가고 있듯이, 성적 권리를 당당하게 행사하는 여성들의 목소리가 여성의 성적 경험을 부정하는 문화를 바꿀 거라고 봅니다.

저는 고등학교 3학년 때 첫 키스를 했는데요, 혹시라도 동네에 소문이 날까 봐 얼마나 전전긍긍했는지 모릅니다. 어린 시절의 제가 '키스해도 괜찮아'라는 메시지를 책이나 드라마에서, 또는 주변 어른들에게서 들으며 자랄 수 있었다면 어땠을까요? 그 시절의 저는 두려웠습니다. 지나가는 사람들의 눈빛조차 신경 쓰일 정도로요. "고등학생이 키스를 하다니, 넌 이미 망가진 여자야" 하는 말들이 머릿속에 울려서 내 미래는 끝났다고 낙담했습니다. 그 어두운 터널에서 걸어 나오는 데 꽤 오랜 시간이 걸렸습니다. 지금 생각하니 좀 억울하네요. 겨우 키스 한 번 하고 6개월이 넘게 두려움 속에 갇혀 있었다는 사실이요. 그로부터 30년이 지났지만 여전히 자신의 성경험이 사회적 낙인이 될까 두려워하는 여성은 많답니다.

넷, 폭력적인 성경험

폭력이 만연한 사회에서는 안전한 섹스를 하기가 참 어렵습니다. 특히 디지털 성범죄가 난무하는 사회에서 우리는 날마다 피해자를 목격하며 살아가고 있습니다. 미디어에서뿐만 아니라 현실에서도 피해 경험을 듣게 되는 일이 자주 있지요. 섹스의 순간이 언제 어떻게 동영상으로 찍혀서 유포될지 모른다는 공포에 연애도 섹스도 두렵다고 말하는 여성이 많습니다. 이런 두려움은 숫자로 정확하게 산출하기 어렵고 범죄 피해로 이어지지 않는 한 공식화하기도 힘들지만, 여성들의 일상적 관계 맺기를 위축시킬 만큼 힘이 셉니다. 이 두려움은 여성들의 생활을 통제하는 실제적인 감정입니다.

제 사정만 봐도 그렇습니다. 다른 지역에 교육이 있어 숙박 업소에 묵게 되면 두려움에 사로잡혀 잠들지 못하는 밤을 보냅니다. 과장이 아닙니다. 저만 유별난 것도 아니고요. 학교에 디지털 성범죄 예방교육을 하러 가면 교육이 끝난 후 조용히 찾아와 한참을 울고 가는 여학생들이 있습니다. 대학생만이 아닙니다. 초등학생에 이르기까지 다양한 연령대의 여학생들이 같은 이유로 웁니다. 디지털 성범죄의 피해자면서 아무에게도 말하지 못한 채 공포에 떨다가 저를 찾아오는 겁니다. 화가 납니다. 왜 여성의 섹스는 폭력적인 경험이어야 하는지, 왜 섹스의 결과가 두려움과 공포여야 하는지 말입니다.

섹스를 방해하는 걸림돌은 이 밖에도 더 있겠지요. 사람의 수만큼이나 다양한 이유들이 있을 겁니다. 섹스를 잘해 보고 싶은 마음이 든다면, 자기 몸을 가두는 것들을, 파트너를 움츠러들게 하는 것들을 하나씩 들여다보는 것이 먼저입니다.

내 몸이 바로
나이기 때문에

내가 남들 눈에 어떻게 보이는지 신경 쓰지 않기란 정말 어렵습니다. 저도 50세가 되어서야 처음으로 타인의 시선에서 자유로워진 저를 경험했으니까요. 산티아고 순례길에서였습니다. 그때까지 다른 사람 눈을 인식하며 살아온 시간이 참 길었는데요, 순례길에서는 아침에 일어나면 양치하고 선크림만 쓱 바르고 길을 나섰어요. 내 발에 딱 맞아 편안함을 주는 신발을 신고 다리에 착 감기는 레깅스를 입고 내 몸을 옥죄는 브래지어 따위는 하지 않은 채 가벼운 티셔츠 한 장만 걸치고 걸었답니다. '내가 어떻게 보일까? 얼굴이 너무 까매지지 않았나?' 하는 걱정은 들지 않았어요. 거울을 찾아서 굳이 얼굴을 확인해 보려고 하지도 않았지요. 사진을 찍어도 아름다운 카미노의 풍경이나 찍었지 내 모습을 찍지는 않았습니다. 다른 사람에게 내가 어떻게 보일까는 전혀 관심사가 아니었으니까요.

어느 날 점심을 먹으러 들른 바의 화장실에서 거울에 비친 내 모습을 보았어요. 까만 얼굴, 눌러 쓴 모자, 민소매 셔츠 바깥으로 나와 있는 그을린 팔, 반바지 아래 탄탄한 허벅지. 걷는 사람의 모습으로 서 있는 내가 예쁘게 보였습니다. 나 자신의 모습이 마음에 들었습니다. 처음 있는 일이었어요. 다른 사람에게 어떻게 보일까 생각하지 않고 내 얼굴, 내 몸을 이토록 편안하게 바라본 적은 없었거든요. 정말 엄청나게 자유롭더군요. 무거운 가방을 메고 다니다가 맨몸으로 다니면 걷는 게 하나도 힘들지 않듯, 마음이 가볍고 편안했습니다. 순례길에서의 경험은 그동안 나도 보이는 모습을 굉장히 신경 쓰며 살았구나 하는 깨달음을 줬답니다.

우리 사회는 보이는 몸에 집중하게 만들어요. 이 정도를 갖춰야 무시당하지 않는다는 외모 강박증은 정도의 차이는 있을지언정 대부분 여성에게 있습니다. 미디어 이미지로 재현되는 이상적인 몸은 끊임없이 욕망하게 만듭니다. 전신 거울 앞에서 날마다 자기 신체를 모니터링하는 여성들은 쉽게 자기 대상화의 늪에 빠집니다. 보이는 몸을 관리하는 데 생의 많은 에너지를 쓰게 됩니다. 에너지뿐만 아니지요, 시간과 돈도 상상 이상으로 들여야 합니다.

여성들이 거울 속의 자신으로부터 눈을 돌려 다른 곳을 보기 시작하면 어떤 일이 일어날까요? 외모 꾸미기에 들이던 비용을 자기 성장을 위해 쓴다면? 화장품, 헤어스타일, 옷, 피부 관리, 다이어트 등에 드는 비용의 규모는 어마어마하게 큽니다. 얼마 전에 만난 동료 강사는 최근 피부과에서 리프팅과 튜닝, 미백 등의 시술을 하는 데 천만 원을 썼다고 했어요. 미용실에는 1년 회원권을 끊어 두고 있으며 마사지 비용으로 고정 금액을 쓰고 있다고 했고요. 워크숍에서 같은 방을 쓴 또 다른 동료는 자고 일어나 화장하는 데 한 시간을 쓰더군요. 동료의 파우치에는 동료 말에 따르면 '피부 표현'을 하기 위해서 사용하는 파운데이션만 세 종류였답니다. 순서대로 바르는 기초 화장품도 여섯 개는 됐고요. 평소에 스킨, 로션에 선크림만 바르는 내 피부가 왜 칙칙한지 바로 비교가 되었어요. 동료의 파우치 속 화장품 가격만 다 더해도 제게는 놀랍도록 큰 금액이었습니다.

외모를 가꾸는 데 드는 돈으로 여행을 할 수도 있고 저축을 할 수도 있을 텐데요. 다양한 경험을 쌓으려면, 책을 읽으려면 당연히 비용이 듭니다. 한정된 자원을 어디에 사용할 것인가. 외모를 꾸미는 데 쓸 것인가, 나의 성장을 위해 쓸 것인가. 그 답에 따라 삶의 방향은 다를 겁니다.

타인의 칭찬은 들으면 기분 좋지요. 하지만 칭찬에 의존할

수록 새로운 칭찬에 목마르고, 외모 꾸미기에 더욱 매진하게 됩니다. 타인의 칭찬보다 더 달콤한 것이 자기존중감입니다. 자기 삶의 운전대를 잡으면 어디든 갈 수 있어요. 남의 기준이 아니라 나의 의지대로 내 삶을 데리고 갈 수 있어요, 어디로든.

저도 외모에 관심 많습니다. 강사라는 직업에 맞게 정장 스타일의 옷을 입고 화장도 합니다. 강단에 섰을 때 조금이라도 키가 더 커 보여야 청중을 압도할 수 있고, 등에 빳빳하게 힘이 들어가야 당당해 보이니까 하이힐은 무슨 일이 있어도 꼭 챙겨 신었어요. 강사라는 직업을 가진 50대 여성에게 요구되는 기준에서 벗어나 괜한 시선을 받고 싶지가 않았습니다. 외모 꾸미기를 거부하는 '탈코르셋 운동'을 지지했지만, 정작 스스로 용기 내기는 어려웠습니다. 그저 속으로만 응원의 손뼉을 열심히 쳐 주는 정도였어요.

1년 전에 제 나름의 실천으로 옷차림을 바꿨습니다. 이제 몸에 붙는 원피스 대신 헐렁한 바지와 오버핏의 재킷을 입습니다. 하이힐 대신 운동화를 신고 백팩을 메고 강의를 갑니다. 배에 힘주고 서 있는 것도 불편하고, 하이힐 신고 오래 서서 강의하면 몹시 피곤했거든요. 강사로서 권위 있게 보이고 싶은 욕망은 여전하지만 외모로 권위를 얻고 싶지는 않습니다. 제 수준에서의 '탈코르셋'을 선언한 것입니다. 코로나 팬데믹 이후로 마스크를 쓰고 다니느라 화장을 안 했던 것이 습관이 되었습니다. 강의에 나서기 위해 준비하는 시간이 확실히 줄었고 오래 서 있고 멀리 걸어 다녀도 생기가 줄어들지 않아요. 50대가 되어서야 타인의 시선에서, 사회가 요구하는 외모 기준에서 아주 조금 걸어 나올 수 있게 되었습니다. 여전히 뱃살을 가려 보려고 힘을 주고 서 있거나 뭔가를 먹을 때 살찔 것을 염려하기는 하지만, 두둑한 뱃살도 괜찮다고, 지금의 몸이 내게 딱 맞는 몸이라고 스스로에게 말해 줍니다. 그 말이 의외로 단단한 주문이 되어 줍니다.

지금 그대로의 모습을 긍정하는 데는 단호한 결심과 의식적인 연습이 필요합니다. 거울 앞에 서서 사랑스러운 눈으로 내 몸을 봅시다. 그동안 얼굴의 잡티나 팔자주름에 신경이 쓰였을 거예요. 어느 부분에 살이 쪘고 어디가 마음에 들지 않는다는 평가를 하면서 자기 몸을 바라봤을 거예요. 시끄러운 평가의 목소리는 끄고 그냥 보이는 몸이 나 자신이라고, 지금 모습 그대로 괜찮다고 스스로에게 말해 주세요.

또 하나, 의식적으로 노력할 수 있는 일은 대화에서 외모에 대한 언급을 자제해 보는 것입니다. 맛있는 걸 앞에 두고 있을 때 습관적으로 나오는 "다이어트해야 하는데" 이런 말을 참아 봅니다. 다른 사람 앞에서 "배가 나왔어", "허벅지가 두꺼워", "가슴이 콤플렉스야" 이런 자기 불만도 꺼내지 않습니다. 다른 사람에게 "살이 빠졌네", "피부 너무 좋아졌다", "화장하니까

이쁘다" 등 생각 없이 전하던 칭찬도 하지 않도록 합니다. 대화의 자리에서 외모나 다이어트가 주제가 되면 다른 이야기로 먼저 전환해 봅니다.

몇 년 전 여성단체 사람들과 외모에 관해 말하지 않고 일주일 보내기 캠페인을 한 적이 있었어요. 생각한 것보다 훨씬 어려웠습니다. 만났을 때 가장 쉽게 꺼낼 수 있는 말이 외모에 대한 말이었고, 여러 명이 모여 나누는 스몰토크의 주제로도 외모만큼 만만한 주제가 없더군요. 외모에 대한 말을 하지 않으면 대화 소재가 떠오르지 않았고, 대화 공간에 무겁게 퍼지는 침묵을 견뎌야 했어요. 외모 평가 대신 다른 주제를 올리려면 서로에게 깊은 관심이 있어야겠다는 생각도 그때 하게 됐습니다. '아, 우리는 그동안 깊이 만나지 못했구나' 하는 자각도 함께 들었고요.

외모에 대한 말을 할수록, 칭찬을 전할수록 외모가 중요하다고 보는 개인의 태도와 사회문화는 계속 강화됩니다. 그렇게 우리는 서로의 외모를 단속하는 감시자 역할을 하고 있습니다.

자기 몸을 어떻게 바라보고 있느냐는 스스로를 어떤 사람으로 인식하고 있느냐와 연결됩니다. 몸이 곧 나이기 때문이에요. 내 몸에 대한 관점은 섹스와도 연결됩니다. 벗은 몸을 그대로 드러내는 게 부끄럽고 흘러내리는 뱃살이 거슬린다면, 섹스를 즐기기 어렵겠지요. 성적 주체성은 있는 그대로의 내 몸을 받아들이는 것으로부터 단단해집니다. 파트너의 시선이나 사회의 기준으로 내 몸을 인식하고 평가하는 것에서 조금씩 벗어나는 연습을 꼭 해 보세요. 섹스에서도 편안하게 자기를 드러내고 욕망을 긍정하게 될 겁니다.

사랑 없이도
섹스할 수 있다

미국의 저널리스트 페기 오렌스타인은 책《아무도 대답해 주지 않은 질문들》에서 어느 강연장에서 있었던 일을 전합니다. 한 남학생이, 여자친구가 섹스를 하자고 조르는데 자신은 아직 준비가 안 되어 있어서 어떻게 하면 좋은지 물었대요. 이 질문에 강사는 "남학생들이 그런 질문을 얼마나 많이 하는지 알면 너도 깜짝 놀랄걸" 하고 안심시키며 남학생에게 한참을 귓속말로 대답을 해 주었다고 합니다. 남학생의 입장이 되어 보니 저도 안도감이 생기는 거예요. '아직 준비되어 있지 않아도 돼. 그럴 땐 하지 않아도 돼. 그렇다고 해서 내가 이상한 건 아니야. 나와 같은 남자도 많아. 남성이라고 모두 섹스를 하고 싶은 건 아냐.' 이런 안도감 말입니다.

성욕이 많은 여자도, 성욕이 적은 남자도 당연히 있는 존재들입니다. 성욕을 전혀 느끼지 않는 사람도 있습니다. 왜 없겠어요? 이렇게 많은 사람들이 모여 사는 사회에서 성욕을 기준으로 사람들을 나눠 보면 이쪽저쪽으로 아주 다양한 그림이 그려질 겁니다. 어떨 때 성욕이 발현되는지, 성적 취향도 다양하지요. 월경 중일 때 섹스하고 싶어 미친다는 여성도 있고, 낯선 사람과 할 때만 오르가슴을 느낀다는 사람도 있습니다. 성욕이 너무 많은 여성과 연애하느라 힘들다는 남성도 있고, 애인이 섹스하자는 말을 하지 않는다고 하소연하는 여성도 있습니다. 남성은 성욕이 강해야 한다, 여성은 성욕이 약하다는 것은 고정관념이죠. 여성과 남성에게 적용되는 오래된 이중규범이기도 하고요. 개인의 차이일 뿐, 일반화해서 정상과 비정상으로 가르는 건 폭력입니다.

뭐가 문제인가요? 성욕이 강한 여자와 성욕이 약한 남자가 사귈 수도 있죠. 서로의 성욕에 어떻게 맞출까, 어떻게 서로 다른 성욕을 조율할까, 소통하면서 최선의 접점을 찾는 게 연애의 과정 아니겠습니까. 소통하는 시간을 거치면서 서로 더 단단한 사이가 되는 거지요. 누구도 자신의 것을 상대에게 일방적으로 강요할 수 없어요. 아, 물론 너무 안 맞아서 고통스럽다면 헤어지는 것도 현명한 답이고요. 사귀다가 안 맞아서 헤어지는 이유 중에 성욕도 있어야 합니다.

어제는 좋았던 파트너와의 섹스가 지금은 싫을 수 있고, 그동안 관심 밖이었던 사람과의 섹스가 이제는 하고 싶을 수 있습니다. 언제 어디에서 누구와 섹스를 할지, 어떤 체위의 섹스를 할지 결정하는 사람은 당연히 자신이 되어야 합니다. 각자의 고유한 권리로서 성적 자기 결정권을 절대적으로 존중하는 감각을 키우는 것이 필요합니다.

"사랑하면 섹스하는 거야."

어른들이 아이들에게 섹스를 설명할 때 흔히 사랑하는 사이라야 성관계를 할 수 있다는 말을 합니다. 섹스의 전제조건이 '사랑'이라는 걸 강조하면서 준비된 섹스, 책임질 수 있는 섹스를 해야 한다고 알려 주기 위한 말이라는 것은 알겠어요. 그런데 정말 그런가요? 사랑하면 섹스하는 건가요? 사랑해야만 섹스할 수 있나요?

사랑은 없어도 동의가 있다면 섹스할 수 있습니다. 섹스의 전제조건은 사랑이 아니라 동의입니다. 사랑이 없는 섹스도 선택할 수 있지요. 파트너와 합의가 되었다면, 섹스를 하고 안 하고는 개인이 결정할 문제입니다. 개인의 권리입니다.

사랑과 섹스의 관계에 대해서도 생각해 봅시다. 사랑해도 섹스를 안 할 수 있잖아요. 사랑하지만 지금은 싫을 수도 있고, 당분간 안 하고 싶기도 하지 않나요? 사랑하지만 섹스는 좋아하지 않을 수도 있습니다.

어떤 여성 학습자는 섹스에 관심 없어 보이는 애인에게 이렇게 물어봤대요.

"이제 나를 사랑하지 않아? 왜 나랑 섹스하자는 말을 안 하는데?"

사랑해도 충분히 그럴 수 있습니다. 사랑은 곧 섹스라는 공식은 성립하지 않습니다. 상대가 매력적이면 섹스해야 정상이고, 나에게 섹스를 하자는 것은 내가 성적으로 매력이 있다는 뜻이고, 이것이 곧 자신을 사랑한다는 증거라는 강력한 믿음에 균열을 낼 필요가 있습니다. 어느 정도 관계가 무르익었는데 섹스 얘기를 꺼내지 않는 남성 상대방에게 신체적으로 문제가 있을 거라고 편견을 갖는 일도 없어야 하겠지요.

사랑하는 사람과 섹스를 즐기는 사람도 있고, 섹스 말고 다른 걸 즐기는 사람도 있습니다. 다양성을 존중하는 일은 섹스의 영역에서도 몹시 중요합니다. 섹스하지 않을 자유를 사랑이라는 명분으로 침해하지 않도록 해요. 사랑한다면 섹스하지 않을 자유까지 받아들이는 겁니다. 섹스하지 않을 권리, 섹스하지 않아도 되는 자유를 누구도 침해해서는 안 됩니다.

동의라는 로맨틱

"키스할 때 무엇을 먼저 하시나요?"

학습자들에게 이렇게 질문하면 "양치질이요" 하는 답부터 나옵니다.

"먼저 물어봐요. 키스할까? 키스하고 싶은데 어때?"

이런 대답은 나오지 않습니다. 우리가 일상에서 주고받는 대화는 아니라는 의미입니다. "키스할까요?" "섹스할까요?" 이런 대화가 로맨틱하게 받아들여지기를 기대하면 너무 과한 건가요?

섹스할 때 가장 먼저 해야 할 일은 동의 구하기입니다. 폭력 예방교육에서든 성교육에서든 어느 자리에서나 저는 가장 중요한 원칙으로 동의를 말합니다. 제가 동의를 말하면 청소년이든 어른이든 공통적으로 의아하다는 태도를 보입니다.

"에이, 동의를 구하라고요? 촌스럽게 무슨 동의? 아니 막 불타올라서 옷을 벗어 젖히고 있는데 해도 되냐고 물으라고요? 가슴 만질 때, 키스할 때, 삽입할 때, 단계마다 동의를 구하라고요?"

성교육에 있어 아주 기본적인 메시지임에도 듣는 쪽의 저항이 가장 심하게 나오는 대목입니다.

섹스는 끓어오르는 욕망의 주체들이 격렬하게 나누는 행위라는 판타지를 가지고 있다면, 동의 구하기가 거추장스러운 과정처럼 여겨지지요. 자라면서 보아 온 영화나 드라마에서는 섹스 전에 동의를 구하는 장면이 등장하지 않았으니까요.

동의를 구한다는 것은 허락을 얻는 것 이상의 의미입니다. "만져도 돼?" "삽입해도 돼?" 행위를 하는 주체가 상대에게 이 행위를 해도 되는지 묻는 것을 넘어 "네가 원하는 것은 어떤 거야?", "언제 삽입하는 게 좋아?" 같은 질문처럼, 상대를 성적 주체로 수용하고 서로가 원하는 지점으로 함께 나아가기 위해 세심하게 물어보고 이를 반영하는 조율의 과정입니다. 그러니 동의 구하기는 분위기를 깨는 것이 아니라 상대를 성관계의 주체로 초대하는 일이 되는 것이지요.

동의 구하기를 차 마시기에 비유한 동영상을 보신 적 있나요? 유튜브에 "tea consent"를 검색하면 나오는 Blue Seat

Studios의 짧은 애니메이션입니다. 차를 마실지 말지 결정하는 일을 상대의 몫으로 남겨 놓으라는 내용인데요, 동의를 이해시키는 일이 얼마나 어려우면 이렇듯 차 마시기에 비유하는 동영상까지 동원해야 하는 걸까 답답해집니다.

동의에 대한 상상력은 다양한 매체에서 구체적인 장면으로 목격해야 풍성하게 키워 갈 수 있습니다. 키스를 할 때는 벽에 밀치는 것이 자연스럽다는 인식을 갈아치울 수 있도록이요. 동의 구하기는 아주 로맨틱한 일이라는 것을 몸소 보여 주는 장면과 이야기 들을 여기저기서 만날 수 있어야죠.

드라마 〈이상한 변호사 우영우〉에 아주 귀한 장면이 등장합니다. 우영우 변호사와 준호 씨의 키스 장면인데요, 키가 작은 우영우 변호사가 발꿈치를 들고 준호 씨와 키스를 하다가 이런 질문을 합니다.

"원래 이렇게 이빨이 서로 부딪힙니까?"

그러면 준호 씨가 답하죠.

"입을 이렇게, 조금만 더 벌려 주시면 좋을 것 같아요. 그리고 눈도 이렇게 좀 더 감아 주시면 좋을 것 같고요."

대화를 나누던 두 사람은 다시 키스합니다. 분위기는 전혀 깨지지 않았고, 묻고 대답하고 원하는 것을 얘기하는 순간들이 두 사람이 얼마나 서로를 아끼는지 그 사랑의 깊이를 제대로 보여 줍니다. 키스의 순간이든 성기 삽입의 순간이든 상대에게 물어보기는 존중하는 마음의 표현입니다. 더군다나 이가 부딪히는 것보다 부딪히지 않는 키스가 더 로맨틱하겠지요. 분위기를 깨지 않으려고 이가 부딪히는 키스를 참고 하는 것보다 더 나은 키스를 위해 대화를 나누는 것이 훨씬 다정한 것은 말할 것도 없고요.

제가 남편에게 듣는 말 중 가장 로맨틱하게 느끼는 말은 "어떻게 해 줄까"입니다. 몸과 몸이 어우러지는 과정에서 몸이 원하는 것들을 말로 묻고 확인하는 과정은 필수입니다. 더 좋은 섹스를 위해서, 함께하는 섹스를 위해서 서로의 몸이 무엇을 원하는지 확인하는 일이 동의입니다. 동의는 분위기 깨는 일이 아니라 로맨틱한 일이에요. 일상의 공간에서도 실천해 주세요.

언젠가 양육자 대상의 성교육이 끝나고 한 여성이 고민을 가지고 찾아온 적이 있습니다. 열 살 아들이 자기 가슴을 자꾸 만져서 불편하다고요. 아들에게 불편하다고 말을 해도 아랑곳없이 만진대요. 그래서 화를 내면 아들이 오히려 삐친다고요. 자꾸 반복되니까 걱정이 된다고 합니다. 그냥 두자니 남의 몸도 만지면 어떻게 하나 싶고, 불편하다고 하지 말라고 하자니 아이가 상처받을까 두렵다고요. 제가 드린 조언은 엄마가 불편하다고 하면 그만두는 거라고, 사람의 몸을 함부로 만지는 것은 폭력이라고 말해 주라는 것이었습니다. 아이가 단번에

변하지는 않겠지만 참을성 있게 경계존중 교육을 하시라는 당부와 함께요. 그리고 물었습니다.

"평소에 남편은 어떠세요?"

짐작했던 답변이 돌아왔습니다

"남편이 저한테 자주 그래요. 뒤에서 껴안고 비비는데 애들 앞에서 그러지 말라고 하는데도 그래요. 부부 사이에 뭐 어떠냐고, 이러고 말거든요."

아이들은 평소에 양육자들이 서로를 대하는 태도를 그대로 학습합니다. 사랑하는 사이에서는 그냥 안아도 되고, 싫어해도 가족끼리는 괜찮다는 메시지가 아이에게 전해지겠지요. 아이는 이렇게 생각할 거예요.

'난 엄마를 좋아해, 엄마 몸 만지는 게 좋아. 사랑하니까 당연한 건데, 엄마는 왜 싫다고 하지? 나를 사랑하지 않는 걸까? 난 사랑을 확인받고 싶은데. 엄마 몸을 만질래. 엄마를 사랑하니까.'

파트너 관계에서도, 자녀와의 관계에서도 동의를 실천해야 합니다. 아무리 가족이어도 각자 몸과 마음의 경계를 분명하게 가지고 있는 단독자입니다. 아주 작은 행위라도 상대에게 의견을 묻고 이를 경청하고 따르는 일은 모두가 실천해야 하는 중요한 윤리입니다. 이것이 동의입니다.

섹스를 권하는 마음

한 존재가 성장하려면 다른 존재와 겹쳐져야 합니다. 언어로 겹쳐질 수도 있지만 맨몸으로 겹쳐지는 것도 존재의 성장과 확장에 아주 큰 영향을 미칩니다. 키스를 하고 포옹을 하고 섹스를 하는 일은 그저 성적인 행위로서 얕은 몸의 기쁨만을 위한 일이 아니라 내 존재가 확장되는 쾌감을 주는 일입니다. 다른 사람의 몸이 내 몸을 안아 줄 때 느낄 수 있는 깊은 만족감은 나로 하여금 내 몸을 사랑하게 합니다. 자신의 몸을 사랑하는 일, 말은 쉽게 할 수 있어도 정말 어렵습니다.

이 사회에서 섹슈얼리티는 우리가 언어 바깥에서 다른 존재에게 가닿을 수 있는 방법이자 자신의 신체적 자아를 사랑할 수 있는 유일한 방식이며 우리는 섹슈얼리티를 통해서 자아를 가장 깊이 느낄 수 있기 때문이다.

수전 그리핀, 〈페미니즘과 엄마됨〉에서(도리스 레싱 외, 《분노와 애정》 수록)

성적 관계는 자신의 몸을 긍정하게 합니다. 그러니 적극적으로 실천해 나가야죠.

미국의 성교육학자 에이미 조 고다드의 책 《섹스하는 삶》에는 65세에 이를 때까지 섹스 경험이 없던 케이티의 이야기가 나옵니다. 그는 인생의 첫 파트너를 만나고 자신이 먼저 그에게 키스하던 순간을 이렇게 묘사합니다.

"마음속에 치밀어 오르는 저항감을 이겨 내고 그에게 키스를 했어요. 그것이 내게는 전환점이 되었답니다. 그 순간, 나는 스스로를 재정립할 수 있었어요. 그와 더 자주 스킨십을 나누기 시작하면서, 등에 그의 손이 닿을 때 내 몸의 반응을 신뢰할 수 있게 되었어요. 나는 음부와 둔부에서 나의 섹슈얼리티가 깨어나는 걸 느꼈고, 그 흐름에 몸을 맡길 수 있었어요. 나의 욕망에 따르는 기분이었죠."

에이미 조 고다드, 《섹스하는 삶》에서

내 몸의 반응을 믿을 수 있다는 건 얼마나 단단한 자기신뢰인가요? 나의 욕망을 믿고 따르는 기분은 또 어떻고요? 섹슈얼리티가 어떤 일을 할 수 있는지 우린 충분히 알지 못합니다. 그러니 전 세계적으로 나타나는 성적 욕망의 감퇴는 개인의 삶이라는 범위 안에서 들여다봐도 안타까운 현상입니다.

네, 한국뿐만 아니라 전 세계적으로 섹스리스 현상이 두드러집니다. 미국, 일본, 영국 등의 나라에서 2000년대 들어 개인의 섹스 횟수가 줄어드는 경향이 나타나는데요, 그 이유로는 스트레스, 모바일 환경, 노동 시간 등이 꼽힙니다. 고용구조가 불안정하고, 노동 시간이 길고, 스마트폰 속 가상현실에 몰두할수록 섹스는 귀찮고 피곤한 일이 될 가능성이 높다는 것이죠.

노르웨이의 의료 전문가 니나 브로크만과 엘렌 스퇴켄 달의 책《질의응답》에도 비슷한 이야기가 나옵니다. 미국의 성치료사 셜리 저스먼을 만난 자리에서였어요. 저스먼은 여성 오르가슴을 발견한 인물이기도 한데요, 그는 현 상황을 이렇게 표현합니다.

"예전에는 환자들이 주로 오르가슴 문제로 찾아왔어요. 조기 사정을 한다든가, 절정을 못 느낀다거나 하는 문제였죠. 반면 요즘은 욕망 자체가 사라진 게 문제랍니다. (중략) 나를 찾아오는 여성들은 매일 너무 피곤하기 때문에 파트너

와 친밀감을 나누느니 그 시간에 그 망할 아이폰이나 들여
다보겠다고 말해요. 우리는 서로를 만지고 서로의 눈을 들
여다보는 방법을 잊어 가고 있습니다."

니나 브로크만, 엘렌 스퇴켄 달,《질의 응답》에서

100세가 넘은 할머니 치료사의 안타까워하는 마음이 여실
히 느껴지는 대목입니다. 저도 그와 꼭 같은 마음으로 이 책을
쓰고 있습니다.

잃어버린
성욕 되찾기

"남편하고 마지막으로 섹스한 게 둘째 임신할 때예요. 18년 됐네요. 남편도 별 불만이 없어 보여서 그냥 지내고 있었어요. 섹스를 하지 않으니까 성욕 자체가 생기지 않았어요. 사이좋은 부부들 보면 부러운 마음이 들기도 하고 우리 부부가 슬며시 걱정되기도 해요. 뭐가 문제인지 모르겠어요. 남편하고 특별히 갈등이 있는 것도 아니고요. 그렇지만 저도 이제 남편이랑 로맨틱하게 지내고 싶네요."

교육 현장에서 만난 50대 여성이 들려준 이야기입니다. 이 여성에게 필요한 것은 무엇일까요? 성욕 증진을 위한 진료를 받아야 할까요? 아니면 섹스를 잘할 수 있는 기술을 배워야 할

까요? 섹스토이를 구입해야 할까요? 남편하고 대화부터 해야
할까요?

남들에게 좋은 것이 나에게도 좋으리라는 보장이 없듯, 성
에 있어서도 마찬가지입니다. 나에게 맞는 성생활이 무엇인지
알 수 있어야 합니다. 꼭 성생활이 아니더라도, 나다운 삶을 살
기 위해서라도 '나'는 연구해야 하는 주제지요. 섹스토이숍이
나 병원에 가기 전에 스스로에게 이런 질문들을 던져 보는 겁
니다.

- 왜 성욕이 생기지 않을까?
- 언제부터였는가?
- 오래전부터 그랬다면 왜일까?
- 혹시 어떤 폭력적인 경험이 있어서인가?
- 성에 대한 두려움이 있나?
- 성에 대한 정보가 부족한가?
- 내 몸을 좋아하지 않는가?
- 일이 힘든가?
- 스트레스를 받고 있는가?
- 남편과 섹스가 맞지 않나?
- 남편이 무슨 말을 할 때 기분이 좋은가?
- 남편이 싫을 때는 언제인가?

- 남편과의 섹스 중 가장 좋았던 부분은 무엇인가?
- 어떨 때 남편에게 애정이 생기는가?

쉽게 답이 떠오르지 않는 질문들도 있을 겁니다. 질문 하나 하나 곱씹어 가면서 생각을 해야겠지요. 세상에 태어나 지금의 내가 되기까지 내 몸에 새겨져 있는 성에 관한 규범들은 어떤 내용일지 돌아봐야 할 거고요. 내가 머무는 시간과 공간에 스며 있는 성차별도 읽어 낼 수 있어야 합니다. 그래야 사회가 요구하는 나와 내가 원하는 나를 분리해 나다운 삶을 향해 나아가는 용기를 낼 수 있겠지요? 좋아하는 것이 무엇인지, 어떤 공간에 있을 때 힘을 얻는지, 어떨 때 편안함을 느끼는지 나를 탐구하는 시간이 필요합니다.

이 글의 시작이 된 50대 여성은 자신에 대해 다음과 같이 정리했습니다.

아이들 어렸을 때 바쁜 남편 대신 혼자서 육아를 하느라 너무 지쳐서 섹스를 멀리하게 됐다. 밤늦게 술 냄새 풍기면서 들어온 남편이 몸을 더듬으면 그게 그렇게 싫었다. 그래서 방을 따로 썼다. 그러다 보니 점점 섹스를 하지 않게 됐고, 언제부턴가 아예 욕구도 생기지 않았다.

남편하고 이런 대화를 나누는 건 상상도 안 해 봤다. 우린 그렇게 교육받지 않았나. 여자는 성적인 욕망을 드러내면 안 된다고. 어느 순간 체념하게 된 것이다.

애들이 다 크고 집에 우리 부부만 있는 시간이 길어지니 이렇게 계속 지내야 하나 싶다. 나는 다정하게 대화 나누는 걸 좋아하는 사람인데. 남편과 누워서 두런두런 이야기 나누다가 팔베개하고 잠들어 보고 싶다.

잃어버린 성욕을 되찾기 위해 시작한 질문에 답을 써 내려가다 보면, 그 답들이 모여 자기 삶의 서사가 되는 걸 봅니다. 삶의 주체라는 말은 추상적인 게 아닙니다. 삶의 주체는 자신이 구체적인 시간과 공간 위에 쌓아 온 일상의 경험, 관계, 슬픔을 자기 언어로 이해하는 적극적인 존재를 말합니다.

1) 나에게 어느 시기에 어떤 일이 일어났습니다. 2) 그 일이 나에게 어떤 의미인지, 그때 내가 무엇을 생각하고 느꼈는지 스스로 묻고 정리해 봅니다. 3) 내가 경험한 일을 사회적인 맥락 안에서 해석해 봅니다. 우리의 삶은 진공의 상태가 아니라 사회의 영향을 받으면서 경험되는 것들입니다. 사회적 존재로서 자신이 겪은 경험을 해석합니다. 4) 일어난 일에서 배울 것은 무엇인지, 변화를 위해 어떤 선택을 할 수 있는지 적극적으로 찾아봅니다.

나를 이해하면 나를 긍정할 수 있습니다. '사건-질문-자기 이해-배움과 변화를 위한 실천', 이 네 단계를 통해 자기 서사를 성실히 써 나가다 보면 자신을 잘 알 수 있는 것은 물론이고 자기 삶을 주도해 나갈 힘도 얻습니다.

섹스를 오롯이 누리려면 많은 조건이 충족되어야 합니다. 몸의 욕구, 안정적인 공간, 안전한 관계, 적극적인 자기 표현, 서로에 대한 신뢰가 있어야 즐거운 섹스가 가능해집니다. 모두 자기 삶을 온전히 일구고 있어야 가능한 것들입니다. 그래서 성에도 교육이 필요합니다. 배움도 뒤따라야 합니다.

50대 여성의 이야기로 돌아가 볼까요. 그녀는 오랜 시간 아내와 엄마로, 자기 이름을 지운 채로 살아왔을 겁니다. 다른 존재를 돌보느라 정작 자신은 돌보지 못했던 시간이 길었어요. 오랫동안 섹스를 하지 않은 것이 문제가 아니라 섹스를 통해 자신이 누릴 수 있는 몸과 마음의 기쁨을 소중하게 다루지 않았다는 게 문제랍니다. 다른 사람들의 감정은 배려하면서 정작 자신이 일상의 관계에서 경험해야 할 성생활의 즐거움은 외면했던 거지요.

나를 중심에 둬야 나의 욕망이 보입니다. 이건 너무 당연한 얘기죠. 성교육의 첫 문장으로 "자신을 사랑하는 존재가 다른 사람을 잘 사랑할 수 있다"를 자주 씁니다. 성과 관련한 고민에서 가장 분명한 해결책은 내가 중심이 되어 문제를 바라봐야 한다는 점입니다. 내가 빠져서는 안 됩니다. 그러니 정성 들여 우리가 해야 할 일은 나에 관한 연구입니다. 나를 긍정하며 내가 원하는 것에 귀 기울이기, 이것이 성욕을 되찾는 첫걸음이 됩니다.

섹스가 신나고
따뜻하려면

성적인 관계를 잘 맺으려면 어떤 마음과 태도를 품고 있어야 할까요? 어떤 준비가 되어 있을 때, 어떤 마음으로 만났을 때 섹스가 신나고 따뜻할 수 있을까요?

따뜻한 섹스는 성과 관련한 지식을 알고 있는 것만으로는 가능하지 않습니다. 한두 시간의 특강으로, 전문지식 가득한 성교육 책으로 배울 수 있는 것이 아닙니다. 성교육은 단순히 성적 지식, 생물학적 몸의 지식만이 아니라 나를 가두고 있는 성적 규범으로부터 어떻게 자유로워질 수 있는지, 폭력적인 성문화에 잠식되지 않고 어떻게 서로를 있는 그대로 사랑할 수 있는지 그 방법까지 다뤄야 합니다.

대학생을 대상으로 성교육을 했을 때의 일입니다. 영지(가

명) 씨는 남자친구와 첫 섹스 뒤 혼란스러웠답니다. 첫 섹스이니만큼 함께 이야기 나누며 나름 준비를 잘했다고 합니다. 어디서 할지, 피임은 어떻게 할지 기본적인 것부터 의논했고요. 드디어 실행의 날. 둘은 서툴렀고 상상한 것과도 많이 달랐습니다. 영지 씨는 남자친구가 자신에게 실망한 것 같아서 걱정이 되더랍니다. 포르노에서 본 배우들처럼 해 주지 못해서 미안했고, 남자친구가 자기한테 만족을 못 해 떠나면 어쩌나 하는 불안한 마음까지 들었다고 합니다. 그 얘기를 듣고 제가 물었습니다.

"그런 이야기를 남자친구와 나눠 봤어요?"

영지 씨는 준비할 때는 이야기를 많이 나눈 것에 비해 첫 섹스를 하면서는 쑥스러워서 말이 나오지 않더라고 답하더군요. 말없이 남자친구 눈치만 살폈다고요. 영지 씨에게 섹스 중에 기분이 어땠는지 물었습니다.

"음, 글쎄요. 그저 그랬어요. 남자친구를 기쁘고 해 주고 싶은 마음뿐이었어요."

누구나 처음은 서툴기 마련입니다. 자신의 느낌을 살피면서 섹스를 하는 것이 중요하죠. 파트너의 느낌도 중요하고, 그를 배려해 줘야 하지만 자신의 마음과 욕구도 알아차리고 표현하며 존중받아야 합니다. 성적인 관계는 누가 주도하고 누가 따르는 게 아닙니다. 섹스에서 한 사람의 느낌만 중심이 되어서는 안 되는 것입니다. 이런 이야기를 전하자 영지 씨가 한 말은 이랬어요.

"왠지 관계할 때 제가 적극적이면 안 될 것 같아서 주눅이 들었어요. 경험이 많다고 생각할까 봐 두렵기도 했고요."

이런 걱정을 토로하는 여성들이 정말 많습니다. 우리 사회가 여전히 여성의 성적인 실천에는 보수적이니 말입니다. 저는 여성들이 용기를 가져야 한다고 생각합니다. 섹스에서 나의 욕구를 알아차리고 솔직하게 표현하는 연습을 해야 합니다. 그런 자신을 오해하거나 싫어할 파트너라면 그 사람과의 관계를 다시 생각해 봐야 하는 거죠. 그만큼 파트너와 내가 둘 다 중심인 섹스인가가 중요한 원칙이어야 합니다.

섹스를 하는 이유야 사람마다 다를 수 있겠지만, 섹스를 시작했다면 서로에게 몸과 마음의 기쁨을 누리게 해 주어야 합니다. 할 때마다 별 느낌이 없거나 마음이 불편하다면 그 섹스는 하지 않아야 하는 거지요. 부부 사이라 하더라도 말입니다.

섹스할 때 기쁨을 누리고 있습니까? 밥을 먹으면서는 두 사람 모두 맛있게 먹을 수 있는 메뉴를 신중하게 고르면서, 섹스에서는 어떤가요? 평등한 기쁨을 나눌 수 있도록 서로의 몸과 마음을 세밀하게 살펴보고 배려하고 있나요? 기본적인 질문이지만 우리가 잘 묻지 않는 질문이기도 합니다.

미국 다큐멘터리 〈쾌락의 원리〉에 "남녀 임금 격차보다 남너 오르가슴의 격차가 더 크다"라는 대사가 나오더군요. 사실이지 않나요? 제 주변의 여성들은 "오르가슴이 뭔가요?" 수준의 말을 하고 있거든요. "오르가슴을 느껴 본 적이 없다, 원래 그런 거 아니냐", "남편이 좋냐고 물어보면 그냥 좋았다고 한다", "기 살려 주려고 신음 소리를 일부러 낸다……." 굳이 연구 자료를 언급하지 않더라도 강의 때 여성 학습자들에게 자주 듣는 말입니다.

여성도 발기를 한다는 사실을 아시나요? 교육 자리에서 질문을 던지면 난생처음 듣는 말이라고들 합니다. 성관계의 장으로 들어서면 여성의 몸도 성적 흥분을 일으킵니다. 자궁과 대음순, 소음순, 질 등에 피가 몰리고 클리토리스는 평소보다 두툼하게 부풀어 오릅니다. 여기까지 가는 시간은 평균 20여 분, 남성이 발기되는 시간보다 더 오래 걸립니다. 여성의 몸이 발기되기까지 파트너의 세심한 애무가 필요하다는 거지요. 클리토리스는 신경세포가 몰려 있는 성감대입니다. 성기 삽입으로 느끼는 쾌감과는 다른 쾌감이 클리토리스에서 나옵니다. 여성의 몸에 대한 이해 없이 그저 삽입 중심의 섹스를 한다면 여성이 성적인 기쁨을 누릴 확률은 적을 수밖에 없겠지요? 여성의 성기가 충분히 발기한 후에 삽입을 하면 남성도 더 큰 만족감을 느낄 수가 있답니다. 여성 파트너의 반응에 보조를 맞춰 가면서 성기를 삽입하면 여성과 남성이 함께 절정에 이를 가능성이 높습니다.

어느 대안학교에 수업을 갔을 때 남성 청소년이 저에게 물었습니다.

"삽입할 때 안 아플 수도 있나요?"

저는 이렇게 대답했습니다.

"성기 삽입 전에 파트너의 몸을 부드럽게 만져 주면서 파트너가 준비됐는지 살펴보세요. 여성의 몸이 준비되어야 삽입을 해도 아프지 않거든요. 급하게 하려 하지 말고 질 속에 성기를 넣었다 뺐다를 조심스럽게 반복해 보세요."

질문한 남학생이 깜짝 놀라는 표정을 지었습니다. 어른이 이 정도로 사실적으로 대답해 준 건 처음이라나요. 궁금해서 물어본 청소년에게 솔직하게 대답해 줘야지요. 포르노에서 본 대로 하는 남자보다는 용기 내 질문하는 남자가 파트너를 배려해도 훨씬 잘할 테니까요.

성교육 커리큘럼에는 어떻게 하면 느낌이 좋을지 상대에게 정확히 전달하는 법과 분명하게 경계선을 긋는 법이 포함되어야 합니다. 존중이 기반이 된 성적인 관계 맺음을 강조하며 동시에, 자신의 욕구와 느낌에 충실할 것과 솔직하게 표현하기, 좋은 것은 요구하고 싫은 것은 단호하게 거부하기를 연습해야 하는 거지요.

두 사람이 있습니다. 두 사람의 관계를 상상해 봅시다. 두 사람은 성적인 관계도 맺을 수 있습니다. 그렇다면 성적인 관계부터 정의 내려 보자고요. 성적인 관계에 들어갈 수 있는 성적 행위는 어디서부터 어디까지일까요? 손잡기, 키스하기, 서로의 몸 만지기, 성기 결합…… 무엇이 성적인 행위고 성적인 관계 맺기 안에서 나눌 수 있는 것일까요?

사실 엄밀히 따질 것은 어떤 행위가 성적인 행위인가가 아니라 두 사람의 관계입니다. 감정적인 교감이 우정에 가까운지, 사랑에 가까운지 말입니다. 이는 두 사람이 같이 만들어 나갈 관계의 질에 따라 결정될 일이겠지요. 관계 안에서 두 사람은 어떤 성적 행위를 할 수 있을지 같이 의논하고 정할 수 있어야 합니다.

두 사람이 성적 행위의 범위나 수위를 함께 결정했다면 성적 관계의 목표는 두 사람 모두가 안정감과 즐거움을 느끼는 것입니다. 섹스에서 한 사람만 즐겁고 나머지 한 사람은 두려움이나 불안을 느낀다면 그건 폭력적인 섹스일 수 있습니다.

또 하나 강조하고 싶은 것은 두 사람의 관계가 한쪽으로 힘이 기울지 않는 평등한 관계여야 한다는 점입니다. 만약 힘의 차이가 있다면 힘이 더 센 쪽의 의지대로 성행위의 주도권이 넘어갈 가능성이 커집니다. 두 사람이 섹스에 편안하게 몰입하기 위해서는 서로에 대한 배려가 전제되어야 합니다. 섹스 중에 어떤 행위가 좋은지, 어떤 것이 불편한지 물어보고 들어 주고 상대의 의견과 감정을 소중하게 받아들여 주는 것이 핵심이지요. 이는 위계 없이 서로를 인격적인 존재로 대할 때에만 가능합니다.

성교육 현장에서 저는 그냥 섹스가 아니라 좋은 섹스를 하자고, 섹스에 있어서도 성장이 가능하다고 학습자들에게 전합니다. 좋은 섹스의 기본은 존중이고, 서로 존중한다는 건 애써야 가능하므로, 섹스가 욕구 해소에 지나지 않는다는 생각은 크게 잘못됐음을 아실 수 있겠죠? 좋은 섹스가 일상의 관계 또한 성장시킨다고, 저는 믿습니다.

그냥 섹스 아니고
좋은 섹스

섹스가 죄도 아니고, 섹스로 나쁜 여성의 길로 들어서는 것도 아닌데, 왜 섹스 후에 죄책감을 느꼈다는 여성들이 그렇게 많을까요? 섹스할 때 천장에서 엄마가 내려다보는 것 같아서 몰입할 수 없었다는 얘기는 또 왜 그렇게 자주 들리고요?

남편과 연애할 때 첫 섹스를 하고 나서 제가 만난 감정도 죄책감이었습니다. 여성학을 공부한 이후여서 이런 죄책감이 제 안에 있는 성적 규범들 탓이라는 걸 알고 있었는데도 말입니다. 엄마한테 혼날 나이도 아닌데 엄마 얼굴 보는 게 왜 그렇게 불편하던지, 지난밤의 행적을 들킬까 봐 전전긍긍하던 기억이 나네요.

'섹스는 좋은 거야, 잘 준비해서 멋지게 경험해 보렴.' 자라면서 이런 메시지를 보고 듣고 경험했다면 달랐겠지요? 이런 메시지는 고사하고 성교육도 제대로 받지 못했습니다. "성적 욕망을 드러내지 마, 순결을 지켜야지, 성관계는 결혼한 다음에 해야지, 조신한 여성이어야 해……." 이런 성적 담론 안에서 성장했으니 섹스 후 죄책감과 수치심은 당연한 결과였습니다.

어릴 때 겨울방학이면 고모 집에 가서 며칠씩 지내곤 했는데요, 가게에 딸린 단칸방에서 텔레비전 앞에 둘러앉아 밥을 먹던 어느 날의 장면이 지금도 선명하게 떠오릅니다. 텔레비전에서 영화인지 드라마인지 모를 영상이 나오고 있었는데, 남녀가 벗은 채로 침대 이불 속에서 포개져 있었어요. 이후 남자 주인공은 침대 옆 협탁 위에 있는 티슈를 접어 이불 속으로 가져갔고, 침실의 조명이 딸깍 꺼지면서 장면이 넘어갔지요. 밥과 함께 침도 꿀꺽 넘어갔습니다. 어린 저에게 그 장면은 낯설지만 들여다보고 싶고, 동시에 들여다보면 큰일이 날 것 같은 두려움을 안겨 주었습니다. 고모부와 고모의 어색한 침묵, 텔레비전의 장면을 못 본 척하느라 고개를 숙이고 있던 나, 만화 보고 싶다고 조르던 어린 사촌동생……. 설명할 언어가 없어 머릿속에 눌러 놓은 그날의 장면이 제가 성이라는 것을 알아서는 안 되는 세계로 인식한 처음의 기억입니다.

〈수렁에서 건진 내 딸〉이라는 영화를 본 기억도 있어요. 제목이 정확하지는 않아요. 주인공인 딸은 엇나가기만 해요. 부모에게 대들고 가출을 합니다. 엄청나게 부풀어 오른 파마머리, 짙은 화장, 짧은 가죽 치마를 입고 담배를 피고 술을 마셔요. 남자를 만나고 섹스를 해요. 부모는 이런 딸을 포기하지 않고 찾아나서고, 사람들에게 읍소해서 제목처럼 딸을 수렁에서 건져 냅니다. 딸이 일탈의 길에서 다시 정상의 가정으로 돌아온다는 스토리였는데, 이 영화를 보면서 제가 마음에 새긴 것은 하나였어요. 여학생의 신분으로 섹스를 하면 인생이 망가진다는 것이었습니다. 여자가 수렁에 빠지면 비난받게 돼 있다는 것, 그런 여자가 되지 않도록 최선을 다해야 한다는 것, 어른들 말에 따르고 순결을 지키는 것이 여성의 삶에서 너무 중요하다는 것. 무슨 일이 있어도 이를 지켜야겠다는 다짐을 했었습니다.

비슷한 시기에 저희 동네에 유명한 중학생 커플이 있었습니다. 그들은 냇가에서 어깨를 기대어 앉아 있곤 했었어요. 어린 제 눈에 그 커플은 뭔가 넘지 말아야 할 선을 넘은 것만 같았습니다. 그들의 연애 현장을 목격할 때마다 왜 제가 용서받지 못할 죄를 지은 느낌에 빠졌는지 몰라요. 어느 날엔 어두운 골목에서 그 둘이 부둥켜안고 있는 것을 보고 엄마한테 말했더니 바로 날아온 말이 "신세 망친 년, 시집도 못 가겠네"였어요. 엄마 말이 저에게는 강력한 경고문 같았습니다. 어린 나이에 연애하고 성적인 행동을 하면 미래가 망가진다는 의미가 머릿속에 새겨졌습니다.

성장하면서 경험하고 들었던 말들이 조각조각 몸과 마음에 각인되어서 섹스를 안전하고 좋은 것으로 경험하는 데 방해가 됐던 것 같아요. 섹스를 선을 넘은 죄스러운 행위로 먼저 인식하게 됐던 거지요. 여러분도 마찬가지일 거예요.

책《활활발발》에도 비슷한 메시지가 담겨 있습니다.《활활발발》에 실려 있는 글〈어머니 전상서〉에서 글쓴이 '99'는 사랑하는 사람과 나눈 첫 섹스를 이야기합니다. "따스했고 매혹적이면서 아름다웠"다고요. 이전까지만 해도 99는 섹스를 "그 짓"이라는 표현으로 통쳐 왔었습니다. 99에게도 이유는 있었죠. 어릴 적 휴대폰 사진으로 확인했던 엄마의 불륜, 아빠의 차에서 발견한 편지가 오랜 시간 99가 섹스를 '그 짓'에 가뒀던 이유였습니다. 99는 자신의 첫 섹스 경험을 통해 비로소 엄마, 아빠를 이해하게 됩니다. 그제서야 '그 짓'으로 표현하기에는 섹스가 너무 괜찮은 행위임을 알게 된 거죠.

섹스가 가져다주는 따뜻함, 설렘이 가져다주는 활기, 어떤 두려움과 불안을 삼키는 몸의 체온들, 나의 존재를 다시 한 번 확인시켜 주는 과정……. 언젠가 문득 어머니 아버지도 이런 것들이 필요했던 게 아닐까, 어머니 아버지도 내가 생각하는 것만큼 대단하지 않아서 불안하고 두렵고 자기 존재를 확인하기 위해 무언가를 애타게 쫓는 것은 아닐까 하는 생각을 하게 되었습니다. 망측스럽게도 섹스 중에 말이지요.

99, 〈어머니 전상서〉에서(김현아, 《활활발발》 수록)

양육자 교육 시간에 강조하는 한 가지는, 일상의 공간에서 아이들과 성을 주제로 자유롭게 대화를 나눌 수 있어야 한다는 점입니다. 아이들이 폭력적인 콘텐츠로 성적 가치관을 쌓아 가도록 내버려 두지 말고, 긍정적이고 따뜻한 분위기에서 성이 무엇인지 이야기 나누는 게 무엇보다 중요하다고요. 화면 속에 폭력적인 장면으로 재현되는 섹스가 아니라 서로를 아끼고 배려하면서 나누는 섹스가 좋은 섹스라는 메시지를 주는 거예요. 거창하거나 어려운 실천이 아닙니다.

"아빠는 엄마랑 손잡고 걸을 때 참 좋아."

"섹스는 내가 사랑받고 있다는 것을 느끼게 해 줘."

"어떤 사랑을 하고 싶니?"

"사랑에 빠지면 더 좋은 사람이 되고 싶어지더라."

"사랑하는 사람을 마주 보며 주고받는 눈빛은 가슴을 설레게 해."

"안전한 공간이 있어야 서로에게 몰입할 수 있어."

"아끼고 배려하는 마음을 성적 행위로 표현할 수 있지."

이런 대화를 부모나 혹은 믿을 만한 어른들과 나누면서 자란 아이들이 미래에 하게 될 섹스는 분명히 다를 거예요. 시간을 돌려 우리도 어른들과 저런 대화를 나누며 자랐다면 지금 우리가 경험하는 섹스는 훨씬 더 친밀하고 다정했을 겁니다.

지난 섹스의 경험은 되돌릴 수 없겠지만, 미래의 섹스는 반짝거리는 순간으로 채워지도록 노력해야 하지 않을까요? 우리 몸에 새겨진 성의 언어들은 우리가 지워 나가야죠. 새로운 언어를 몸에 새기고, 건강하고 안전하고 즐거운 성적 관계를 맺어 나가는 거예요. 성장이라는 것은 부모의 세계로부터 걸어 나와서 나의 세계를 스스로 구축해 가는 과정입니다. 섹스의 세계도 예외가 아니지요. 섹스의 영역에서도 성장할 수 있고, 성장해야 합니다. 지금 내가 경험하고 있는 섹스를 조금 더 즐겁고 평등하게 바꿔 나가는 노력을 해 보자고요.

보지에 관한 연구

학생들을 교육하러 가면 정액이 무슨 맛이냐는 질문을 종종 받습니다. 남학생들이 묻습니다. 궁금해하는 걸 보니 자기 정액을 먹어 보지는 않았구나, 하고 생각합니다. 그도 그럴 것이, 포르노에서 정액을 먹는 건 어김없이 여성이니까요.

반면 질에서 어떤 맛이 나는지를 묻는 여학생은 거의 없었어요. 사실 여성이 자신의 성기에 관해 궁금해한다 하더라도 정보가 잘못됐거나 부족할 때가 많아요. 교과서에서조차 자궁이나 난소 등 내부 생식기만을 봤을 뿐 외성기의 구체적인 모습은 본 적이 없으니까요.

여성 성기에 대한 정확한 정보는 사실 어디에서도 얻기 어렵습니다. 남자아이들이 관찰하기 좋은 위치에 있는 성기를 보고 만지면서 자기 탐색을 해 나갈 때, 여자아이들은 자신의 성기를 손대면 안 되는 곳, 소중해서 가려야 하는 곳으로 받아들입니다. 자기 성기를 어떻게 불러야 할지도 몰라 입에 올리지도 않게 됩니다.

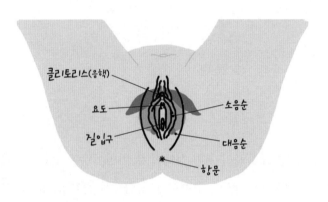

대음순

풀어 쓰자면 큰 입술. 외음순. 외부 성기를 감싸고 보호한다. 땀이 분비되는 땀샘과 피지선이 분포되어 있다. 사춘기 이후가 되면 대음순에 털이 난다.

소음순

작은 입술. 내음순. 점막으로 이루어져 있고, 표면은 특수 세포에서 분비하는 체액으로 늘 촉촉하게 유지된다. 모양이나 크기가 마치 지문처럼 다양하다. 소음순은 신경

세포가 분포되어 있는 성감대로, 피스톤 운동 때 클리토리스를 자극하는 역할도 한다.

○ 클리토리스(음핵)

유일하게 성적인 쾌감을 느끼는 기능만 있는 신체기관. 신경세포가 8,000개 이상 분포돼 있다. 남성의 음경과 상동 기관. 흥분 시 평소보다 두 배 정도 크기로 발기한다. 남성의 음경과 마찬가지로 음핵도 자는 동안 여러 번 발기한다.

○ 질입구

월경혈이 배출되고 아기가 나오는 곳, 음경이 삽입되는 곳. 자극을 받으면 바르톨린선(질입구 측면에 위치)에서 윤활유 역할을 하는 체액이 나온다.

○ 질주름

한때 '처녀막'으로 불리던 곳. 질입구의 일부를 가리고 있는 조직으로, 굉장히 유연하고 탄력적이다. 질주름 역시 소음순처럼 사람마다 생김이 다르다.

성교육 강사인 저도 여성의 성기를 지칭하는 용어를 일상적으로 쓰기 어렵습니다. 성교육의 언어로는 보통 '음순'이라고 칭합니다. 음순은 대음순, 소음순, 클리토리스, 질까지를 아우릅니다. 그런데 음순이라는 명칭은 일상에서 쓰지는 않습니다. 어른들은 아이의 성기를 불러야 할 때만 '잠지'와 같은 귀여운 말로 에둘러 표현할 뿐입니다.

'보지'는 주로 비속어나 욕설을 주고받는 맥락에서 쓰이다 보니 일상의 언어로 쓰기가 꺼려집니다. 개인적으로도 좋아하지 않는 단어입니다. 제가 중학교 때 친하게 지냈던 성격 좋은 남학생이 저를 향해 "이 보지야"라고 한 적이 있었어요. 그 친구도 흠칫 놀랐을 정도로 무심결에 나온 말이었는데 얼마나 충격을 받았던지, 이후로 제 언어 사전에서 '보지'라는 단어는 삭제되었답니다. 여성의 성기를 '보지'라고 표기한 어느 성 관련 번역서를 읽다가, '보지'라는 단어가 어찌나 많이 나오는지 끝까지 못 읽을 정도였다니까요.

여성의 성기를 지칭하기에 마땅한 언어도 없고, 있다 하더라도 굳이 언급하려 하지 않는 것은 성기가 그저 몸의 한자리를 차지하고 있는, 별로 관심이 생기지 않는 곳이라는 의미기도 합니다. 저도 성기에 그렇게 큰 관심이 없었습니다. 성교육 강사로 "한번쯤 자기 성기를 들여다보세요"라는 말은 전해도, 정작 성기를 제대로 관찰해 본 적은 없었습니다. 산부인과에도 두 아이를 임신하고 출산하러 갔을 뿐이었고요. 정기 검진도 한 적이 없었고 산부인과에 갈 만한 질병을 앓은 적도 없었습니다. 그러다가 몇 년 전 하혈 수준으로 월경혈을 쏟고 산부인과에 갔어요. 임신과 출산으로 갈 때와는 또 다르더군요. 진료 의자에 다리를 벌리고 있는 순간에 느껴지는 수치심은 적응이 안 되더라고요. 질경을 넣어 보던 젊은 의사가 "질벽에 덩어리가 있는데 이게 뭔지 모르겠어요" 하더군요. 잔뜩 겁에 질린 저는 "암인가요?" 물었고요. '덩어리'라는 말을 듣고 놀란 저는 결국 그날 다른 산부인과를 찾아가 재진료를 받았습니다. 노련한 의사는 단순 물혹이라며 바로 제거하겠다면서 저에게 물었습니다.

"아니, 질 속에 손도 한번 안 넣어 봤어요? 손에 잡혔을 텐데요?"

그때부터 성기에 관심을 가져야겠다 마음먹었습니다. 평소 건강한 상태의 성기가 어떤지를 알아야 문제 상황을 재빨리 알아차릴 수 있겠다 싶었으니까요. 그때 경험 덕분에, 성기를 정확하게 알고, 자기 성기를 거리낌 없이 들여다보고, 있는 그대로 받아들이는 태도가 여성의 자긍심을 키우는 과정이겠구나 깨달았습니다.

성교육 현장에서 여성 학습자들이 성기에 대해 주로 하는 질문들은 이런 것들입니다.

- 질에서 냄새나는 게 정상인가요?
- 왜 어떤 사람은 소음순이 비대칭인가요?
- 음순 색깔은 원래 거무튀튀한가요?

성기 성형, 특히 소음순 성형을 진지하게 고민하는 여성들이 많습니다. 특별한 문제가 없는데 단순히 이쁘게 보이고 싶다는 욕망 때문이라면 도대체 누구를 위한 수술인지 충분히 고민하셨으면 해요. 옷에 쓸려서 불편하다면 수술을 고민하기 전에 사이즈가 넉넉한 속옷을 입어 보시고요. 꼭 끼는 속옷이나 바지는 성기 건강에 좋지 않습니다. 소음순에도 음핵 귀두처럼 성적 쾌감과 관련한 신경세포가 분포되어 있습니다. 귀한 성감대를 제거할 이유가 있을까요?

포르노에 나오는 여성의 성기는 성형 작업을 거친 상태입니다. 실제 여성의 성기는 개인의 얼굴만큼 다양합니다. 한쪽 소음순이 길기도 하고 피부색에 따라 성기 색깔도 다르죠. 털이 난 정도도 다르고 음순의 크기도 다릅니다. 포르노의 여성 성기를 기준으로 두면 자신의 성기는 비정상적으로 보일 수밖에 없습니다.

질에서 냄새가 나는 건 당연합니다. 모든 신체는 고유의 냄새를 가지고 있습니다. 균에 감염되어 나는 냄새가 아닌 이상 전혀 문제 없습니다. 냄새를 의식해서 향수를 뿌리거나 세정제를 이용하면 오히려 질 건강에 해로울 수 있습니다. 섹스 중에 내 성기가 어떻게 보일지, 어떤 냄새가 날지 신경 쓰지 말자는 말입니다.

질에서 분비되는 액의 맛도 개인의 신체 특질, 먹는 음식의 종류, 땀을 흘리는 정도에 따라 달라진답니다. 많이 궁금하면 파트너에게 물어볼 수도 있겠죠? 스스로 맛을 보는 방법도 있습니다.

질 분비물이 많아서 걱정이라는 분들도 있습니다. 팬티에 아무것도 안 묻었으면 좋겠다고요. 물컹 나오는 느낌, 팬티에서 느껴지는 끈적거림, 표현하기 어려운 냄새……. 질을 가진 여성이 경험하는 일상입니다. 사춘기를 거치면서 질은 분비물을 내보냅니다. 성인의 몸으로 성장하고 있다는 뜻이지요. 유난히 깔끔했던 엄마가 어린 시절 자주 했던 잔소리는 "팬티 갈아입어라"였는데요, 팬티 갈아입기가 왜 그렇게 싫었는지, 분비물이 묻은 팬티를 엄마한테 내놓는 일이 부끄러웠습니다. 질 분비물을 더러운 것으로, 숨겨야 하는 것으로 받아들였다는 의미겠지요.

질이 늘 보송보송하다면 팬티를 입을 일이 없지 않을까요? 분비물의 양도 저마다 다릅니다. 팬티를 여러 번 갈아입을 정도가 아니라면 정상 범위에 드는 거예요.

몇 년 전 소셜미디어에 어느 여성이 하루 종일 입은 자신의 팬티를 '팬티 챌린지'라는 해시태그와 함께 올린 적이 있습니다. 온종일 입고 다닌 팬티인데 얼룩 하나 묻지 않았다고요. 다른 여성들이 자신을 부러워한다는 말도 덧붙이면서요. 이에 많은 여성들이 분개했지요. 팬티에 묻는 얼룩은 수치스러운 것이 아니고, 질에서 분비물이 나오는 것은 자연스러운 현상이라며 입었던 팬티를 인증하는 게시물들이 이어지기도 했습니다.

질 내부는 입이나 코처럼 점막으로 이루어져 있습니다. 아주 연약한 살들이지요. 구멍이니까 외부 세계와 연결되어 있고요. 해로운 균이나 먼지 등이 점막으로 들어가면 연약한 살들은 이를 물리쳐 감염을 막습니다. 분비물은 이럴 때 질이 곰팡이균이나 세균과 싸운 흔적입니다. 내부의 낡은 세포들이 새로운 세포로 교체되면서 떨어져 나오는 것이기도 하지요. 질 분비물이 있다는 것은 지금 내 질의 상태가 건강하다는 의미로, 질 분비물에는 소변이나 대변과는 다르게 독성 노폐물이 들어 있지 않답니다. 질 내부에서 배어 나오는 액체나 자궁경부에서 나오는 점액, 외음부 분비샘에서 나오는 물질, 질벽에서 탈락되어 나오는 세포, 건강에 이로운 박테리아가 분비물의 성분들이라고 합니다.

질 분비물이 더럽다는 인식은 여성의 몸을 혐오하는 문화의 산물일 뿐입니다. 질 분비물을 우리 사회의 오랜 각본대로가 아니라 과학적인 사실 그대로 받아들이는 일은 그 자체로 인식의 전환입니다.

질 건강에 이상이 생겼다는 사실도 질 분비물을 통해 알 수 있습니다. 월경주기에 따라 맑고 투명했다가 끈끈하고 하얀 액체가 되었다가 하는 분비물의 변화는 우리가 기준으로 삼아야 할 건강한 상태입니다. 건강할 때 질 분비물이 어느 정도 양인지, 어떤 특성을 가지는지, 냄새는 어떤지 관찰해 두는 게 좋겠지요?

또 한 가지. 질 속을 두려운 공간으로 두지 맙시다. 탐폰이나 월경컵을 넣다 보면 익숙해지기도 할 거예요. 어쩌다 콘돔이나 월경컵이 질 깊은 곳으로 들어가는 일도 있을 수 있습니다. 놀라지 않으셔도 돼요. 손가락을 넣어 살살 살펴보세요. 곧 찾을 수 있게 됩니다. 질 속에 들어간 것들이 다른 장기로 이동하는 일은 신체 구조상 불가능하다고 합니다. 도저히 손으로 꺼낼 수 없을 땐 병원에 가시면 됩니다. 산부인과 의사들은 너무 흔하게 만나는 사례래요. 부끄러워하실 필요가 전혀 없습니다. 믿을 만한 산부인과 전문의가 쓴 여성 성기에 관한 책 한 권 정도 곁에 두고 수시로 읽어 봐도 좋겠어요. 참고로 제가 곁에 두고 읽는 책은 리사 랜킨의 《마이 시크릿 닥터》입니다.

자, 자신의 성기를 얼굴 들여다보듯 자주 봅시다. 질 속 상태도 둘러보고요. 냄새가 달라지지 않았는지, 대음순 주변에 뾰

루지가 나지 않았는지, 분비물의 상태는 어떤지 평소에 잘 챙깁시다. 이거 정말 중요한 일이에요. 냄새가 심해지고 분비물 상태가 달라지고 성기 주변에 없던 증상이 생겼다면, 미루지 말고 병원에 가서 진료받는 거예요. 내 몸 건강을 위해 진료받는 일에서 성기를 제외시킬 이유는 없습니다.

남성의 성기를
공부하다

"크기는 남자의 자존심이죠."

초등학교 4학년 남학생에게 들은 말입니다. 성기의 크기가 클수록 '남성답다'는 메시지는 주변에 넘칩니다. 포르노에 등장하는 배우들의 성기는 비현실적으로 크죠. 이것이 남성들에게는 하나의 기준이 됩니다. 어린이들 사이에서 "니꼬삼(니 고추 3센티)"이 친구를 놀리고 비하하는 말로 오갈 정도니 성기 크기에 대한 집착은 어른뿐 아니라 어린이들에게도 퍼져 있다고 할 수 있습니다.

성기 자체에 대한 정보가 충분하지 않은 것도 현실입니다. 음경의 모양이 사람마다 다르고 크기도 다양하다는 것을 알려주는 매체가 부족하고, 음경이나 고환 건강을 위해 주의해야 할 정보들 역시 친절하지 않습니다. '이쁜이 수술'이라는 말로 성기 성형수술을 강권하는 산부인과가 있듯, '성기 확대술'이나 '정력 증강'을 남성 성건강의 핵심 사안으로 여기는 비뇨기과들도 많은 형편입니다.

남성의 성기는 눈으로 관찰하기 좋은 위치에 있고, 남성은 여성보다 자위 경험이 훨씬 많은 것으로 조사됩니다. 그래서인지 남성들 스스로는 성기에 대해 잘 안다고 여기는 것 같아요. 성교육을 가도 남성 학습자들은 성기 자체에 대한 질문을 거의 하지 않습니다. 알 만큼 안다고 생각할 수도 있고, 아니면 제가 여성이라 질문을 하지 않는 것일 수도 있고요.

어린이들을 대상으로 하는 성교육 책에만 의존할 것이 아니라, 남성의 성기가 주제인 어른용 책들을 찾아 공부할 필요가 있습니다. 이왕이면 곁에 두고 자주 들춰 볼 수 있는 책을 하나 구하시면 좋겠고요. 아주 아프지 않은 이상 남성들도 비뇨기과 가기가 편하지는 않을 거예요. 작은 통증이나 미묘한 문제라도 비뇨기과를 자주 찾으며 성기를 건강하게 다루는 방법을 배우면 좋겠습니다. 우리의 성기는 소중하니까요.

얼마 전 '비뇨기과 전문의가 들려주는 남자의 몸 이야기'라는 부제가 달린 고제익의《남성의 중심》이라는 책을 읽었습니다. 책을 쓴 비뇨기과 의사가 어찌나 표현력이 좋은지, 문학작품을 많이 읽은 분이 아닌가 짐작했습니다. 이를테면 음경 확대를 위해 바셀린을 주사했을 때 생기는 부작용을 이런 문장으로 표현하는 식입니다. "1막에서 총을 등장시켰다면 3막에서는 반드시 쏘아야 한다는 체호프의 법칙처럼 광범위하게 주사한 바셀린은 반드시 썩게 되어 있다." 비뇨기과 진료에서부터 사람에 대한 성찰까지 깊이 다루는데 정말 유쾌하게 읽었습니다. 어렵게 느껴지던 비뇨기과 지식들이 머리에 쏙쏙 들어왔답니다. 공부는 이래서 참 좋은 거랍니다.

《남성의 중심》을 비롯해 비뇨기과 자료들에서 꼭 알아 두면 좋을 남성 성기에 대한 정보를 Q&A 형식으로 정리해 봅니다.

1. 성기가 작은 편입니다. 섹스할 때 크기가 중요한가요?

성기가 크다 작다를 나누는 객관적인 기준은 없습니다. 얼마나 작든 위축될 필요가 전혀 없어요. 그러나 현실에서는 스스로 성기가 작다고 생각하는 왜소음경 콤플렉스를 가진 남성들이 여전히 많습니다. 영국 세필드대학교 성의학연구팀이 남녀 5만 명을 대상으로 한 조사에서도 남성의 55퍼센트만이 자신의 음경 크기에 만족한다고 대답했다고 하네요. 왜소음경 콤플렉스가 심하면 우울증으로 이어진다고 합니다. 현재까지 다양한 방식의 음경 확대술이 발달해 왔지만, 성기 크기와 성적 능력은 무관하기 때문에, 당연하게도 음경 확대술에 성기능 향상 효과는 없습니다.

또한, 성기 삽입은 섹스를 구성하는 아주 많은 행위 중 하나일 뿐입니다. 성기 삽입을 섹스의 핵심이라 여기고 여성의 질에 크고 단단한 성기를 삽입해야만 여성이 성적 쾌감에 이를 것이라고 생각하는 것은 착각에 지나지 않습니다. 너무 낡은 가부장제적 관념일 뿐입니다. 백번 양보해서 성기가 작다고 하더라도, 파트너에게 자극을 줄 수 있는 방법이 다양하고요. 반면, 파트너의 성기가 커서 아프다고 호소하는 여성도 있습니다. 아픔을 동반한 섹스는 결코 좋은 섹스가 못 됩니다.

여성의 성기는 소음순과 클리토리스에 신경세포가 분포해 있습니다. 이 두 곳이 성감대라는 말이지요. 크고 긴 성기와는 상관 없는 위치에 성감대가 있는 것입니다.

성기 크기가 섹스에 영향을 미치는 결정적 요소가 아니라는 메시지가 널리 퍼지길 바랍니다. 또한 더 이상 남성의 성기 크기를 유머 소재로 소비하지 않아야겠습니다. 위축되어 있을 남성들의 어깨가 펴지면 좋겠습니다.

2. 포경수술은 꼭 해야 할까요?

《남성의 중심》에는 70대 노인이 포경수술을 하러 온 사례가 나옵니다. 저자도 굳이 포경수술이 필요할까 싶었대요. 성인병이나 노인병 어느 하나도 앓지 않았고 몸에서 노인 특유의 체취도 나지 않을 정도로 자기 관리를 잘하고 계신 분이라서요. 포경수술을 안 했을 경우 잘 씻어 줘야 하잖아요? 이 어른은 청결하게 관리를 하고 계신 분이라 굳이 수술을 권하지 않았는데, 본인 의지가 강고해서 수술을 하게 되었대요. 어른에게는 이유가 있었습니다. 요양병원에 입원해 있는 친구 병문안을 갔는데, 오른쪽 몸을 전혀 쓰지 못하는 친구에게 가장 불편한 게 뭐냐고 물었더니 포경수술을 안 한 게 불편하다고 했대요. 성기 포피를 젖혀서 씻어 줘야 하는데 요양보호사에게 차마 부탁을 못 했다고요. 오랫동안 씻지 못한 탓에 냄새가 너무 난다고요. 친구 얘기를 듣고 이 어른도 당장 수술을 하러 온 길이었습니다.

저도 생각하지 못한 부분이었어요. 저자도 그날 이후로 노인들이 포경수술을 하러 오면 이유를 묻지 않고 가능하면 빠른 시일 안에 수술을 해 드린다고 합니다.

포경수술의 가장 큰 부작용은 통증이라고 하네요. 절반 이상의 남자가 포피와 귀두가 붙어 있는 성기를 가지고 태어나는데 청소년기가 되면 이 둘이 대부분 떨어집니다. 그런데 어렸을 때 수술을 하면 이 유착 부분을 따로 제거해야 해서 통증이 엄청나대요. 성인이라면 하루 이틀이면 사라질 통증이 초등학생이라면 일주일이 지나도 계속된답니다.

포경수술을 하지 않아도 별다른 불편이 따르지 않지만, 하면 위생 관리에 유리한 면이 있습니다. 그러나 포경수술에 성능력 강화 기능은 없어요. 포경수술의 효과에 대해선 과장돼 알려진 부분이 많습니다.

3. 고환이 아플 땐 어떻게 해야 할까요?

고환은 남성호르몬과 정자를 생산하는 곳이에요. 고환 표면은 질긴 백막으로 싸여 있고요. 고환이 다치지 않도록 몸이 최대한 준비를 해 두고 있지요. 외부에서 충격을 받아 통증이 심하면 반드시 병원을 찾아야 합니다. 고환에 상처가 났거나 염증이 생기면 부작용으로 이어질 위험이 크고요.

외부 충격이 아니라도 고환의 혈관이 꼬이면서 동맥이 막히는 경우가 있다고 합니다. '고환염전'이라고 부르는 응급질환입니다. 격한 운동 후 생기는 손상 등으로 청소년에게 많이 생기는데, 혈액순환 장애로 엄청난 통증이 뒤따릅니다. 갑자기 고환이 아프고 통증이 심해진다면 바로 응급실에 가야 한대요. 심각한 경우 고환의 기능 상실로 불임으로 이어질 수 있다고 합니다. 고환염전뿐만 아니라 부고환염이나 요로감염, 요로결석으로도 고환에 통증이 생길 수 있습니다. 모두 병원 진료가 반드시 필요한 질병입니다.

4. 음경에 상처가 났다면?

《남성의 중심》에 따르면, 사람이 깨문 상처인 '휴먼 바이트'는 치료 절차가 다르기 때문에 단순 열상과 구분해야 합니다. 사람의 입에는 세균이 많아서 그냥 봉합할 경우 살 안쪽에서 염증이 생길 위험이 있다는 거죠. 부끄럽다는 이유로 의사에게 사실을 정확하게 이야기하지 않아 치료 시기를 놓치는 일은 없어야겠습니다.

음경 골절은 음경을 감싸고 있는 백막이 파열된 상태를 말합니다. 발기해 있을 때 강한 충격이 가해지면 백막이 찢어지는데, 음경 주변에 피가 고여서 부어오르다가 하루 이틀 지나면 시커멓게 멍이 든대요. 이런 증상이 있으면 바로 병원에 가야 합니다. 발기가 되지 않거나 발기할 때 음경이 꺾일 수도 있다고요. 발기했을 때 음경이 한쪽으로 휘는 질병을 '페이로니병'이라고 부릅니다. 약간 휜 경우는 문제가 없지만 각도가 90도를 넘거나 방향이 아래를 향하면 삽입 섹스가 어려워지겠죠? 음경 골절은 꽤 자주 일어납니다. 청소년용 성교육 책에서도 자위하다가 급하게 성기를 누르는 바람에 음경이 골절됐다는 사례가 언급되어 있습니다. 섹스 중에 음경이 골절되는 경우도 흔합니다. 주로 여성 상위 체위에서 위아래로 움직이다가 음경을 다칩니다. 여성 상위 체위일 때는 남성이 여성의 허리를 손으로 잡아 힘 조절을 하게 돕는 것이 좋습니다.

그 좋은 오르가슴, 우리도 느껴 보자

"인간의 신체기관 중 순수하게 성적인 쾌락만을 위해 존재하는 곳은 어디일까요?"

양육자를 위한 성교육 시간에 제가 자주 내는 퀴즈입니다. 대부분은 대답을 못 하세요. 정말 모르는 분들이 너무 많습니다. 자, 정답은 '클리토리스'입니다. 정답을 말해 주면 이제야 알겠다는 학습자들도 있지만 처음 듣는 말이라는 듯 낯설어하는 분들도 있습니다. 교과서에서도, 의학 지식으로도 우리는 클리토리스에 대해서 듣지도 배우지도 못해 왔거든요.

MBC충북에서 제작한 다큐멘터리 〈아이 엠 비너스〉는 클리토리스 모형을 보고 무엇인지 궁금해하는 사람들의 이야기로 시작합니다. 클리토리스는 여성 성기의 중요한 부분이지만 성교육 시간이나 생물 수업에서는 질과 자궁, 난소, 난관 등 임신과 관련된 기관만을 다룹니다. 여성의 섹스는 임신을 위한 일이라는 의미지요. 이런 교육 담론 안에서 여성도 섹스에서 즐거움을 누릴 수 있다고 이야기하기는 몹시 어렵습니다.

여러분에게 딸이 있다면 딸이 섹스에서 무엇을 경험하면 좋겠나요? 성적인 관계에서 몸과 마음의 기쁨을 누리기를 원하지 않나요? 자기 몸을 적극적으로 탐험하면서 파트너와 교감하는 자율적인 존재이길 원하지 않나요? 관계에서 얻을 수 있는 충만함으로 행복해지기를 바라지 않나요? 아, 내 딸의 섹스에 대해선 생각을 못 해 봤다고요? 기억하세요. 우리는 모두 섹스를 했거나 할 예정인 사람들입니다. 성을 빼 놓고는 삶을 이야기하기 어렵다는 말입니다. 여성에게서 성적 욕망을 삭제해 버리면 삶에서 기쁨을 누리고 자신을 사랑하는 능력이 축소됩니다. 몸으로 느낄 수 있는 즐거움을 누릴 수 없다면, 자신을 행복하게 만드는 다양한 가능성을 적극적으로 탐색하지 않게 됩니다.

"가부장제 사회에서 특히 여성은 성적인 느낌을 적극적으로 찾는 것을 부끄럽게 여기도록 교육받아 왔지만 개의치 말고 너만의 오르가슴을 찾는 일을 부끄러워하지 않았으면 좋겠구나. 네 몸의 쾌락을 찾아가는 일은 네 존재를 긍정하는 과정이고, 네 몸을 구체적으로 사랑하는 과정이거든."

제가 큰아이에게 하고 싶은 말을 담아 쓴 책《딸에게 건네주는 손때 묻은 책》에 실려 있는 문장들입니다. 성폭력의 위험성만 강조해서는, 생명의 소중함을 가르치는 것만으로는, 피임의 실패가 가져올 일들에 대한 경각심을 심어 주는 방법만으로는, 겨우 피임법만을 가르쳐 주는 것으로는 우리 아이들이 성적인 관계 맺음의 긍정성을 충분히 누리는 존재로 자랄 수 없습니다.

〈아이 엠 비너스〉에는 프랑스 성교육 현장을 취재한 이야기도 나옵니다. 프랑스 성교육은 〈다음 침공은 어디〉라는 또 다른 다큐멘터리에서도 다뤄진 적이 있는데요, 그만큼 프랑스는 아이들에게 양질의 성교육을 제공하는 것으로 알려져 있습니다. 프랑스 아이들이 보는 교과서는 여성의 성적 쾌감을 다룹니다. 그동안 성교육의 역사에서 생략되었던 클리토리스의 실제 모습이 담겨 있고, 클리토리스를 통해 느낄 수 있는 성적 기쁨도 편견 없이 말하고 있습니다.

성교육 수업을 마치면 개인적으로 찾아오는 학습자들이 종종 있는데요, 이번에도 그중 한 사람의 이야기입니다. 청소년 대상 수업을 마치고 나오는데 여학생이 쭈뼛거리며 다가왔습니다. 질문이 있다고요. 괜찮다고 뭐든 물어보랬더니 귓속말로 작게 물어보고 싶다네요.

"제가 가끔 자위를 하는데요, 손가락으로 질을 만지거나 손가락을 질에 넣기도 하고 그러잖아요. 그러면 질염에 걸려요?"

걱정 가득한 아이의 얼굴을 보면서 분명하게 대답해 주었습니다.

"아니, 손가락만 잘 씻으면 돼. 지금 간지럽거나 발갛게 부어오르거나 하지 않았으면 괜찮아. 손만 잘 씻고 해."

그랬더니 아이의 얼굴이 어찌나 환해지던지요. 모르긴 몰라도 이 아이는 고민을 오래 했을 거예요. 질염 걱정도 했을 테고요, 자위에 대해 막연한 죄의식도 가지고 있었을 거예요. 마음을 묵직하게 누르는 고민이 있어도 털어놓고 물어볼 만한 안전한 어른이 없었을 거예요. 저는 일시적인 만남으로 마주한 낯선 어른이었겠지만 이 아이에게 질문해도 괜찮은 어른이라는 시그널이 전해졌던 겁니다.

부모님들이 자녀의 자위, 특히 아들의 자위보다 딸의 자위를 더 두려워하는 것도 사실입니다. 성인 대상 성교육 시간에 이런 질문을 받은 적이 있습니다.

"선생님, 꼭 딸의 성적 욕망을 자극할 필요가 있을까요? 자위를 평생 안 해도, 내 성기를 들여다본 적 없어도 사는 데 아무 지장도 없잖아요. 성폭력도 너무 많고, 안 그래도 딸 키우기가 겁나는데 굳이 자위까지 얘기해 줘야 하나요?"

여성의 성적 주체성을 키우는 일이 성교육의 중요한 내용이 되어야 한다는 이야기를 막 끝내려는데 뒷자리에서 듣고 있던 중년의 여성 학습자가 자신의 생각이라며 전합니다. 잠시 대답을 고르고 있는데 그분 앞에서 강의를 듣던 70대 여성 학습자가 뒤를 돌아보며 자신의 경험을 나눠 주시더라고요.

"난 영감 죽고 나서 오르가슴을 발견했어요. 클리토리스는 죽을 때까지 늙지도 않아요. 생생해. 왜 포기를 해요, 그 좋은 것을?"

와, 환호성이 터질 수밖에 없지요? 70대 학습자분께 여쭈었습니다.

"선생님, 어떻게 그 세계를 알게 되신 거예요?"

돌아오는 대답에 놀랐습니다.

"복지관에서 노인들 대상으로 하는 성교육을 들었거든요. 강사님이 싹 가르쳐 주고 가셨어요. 성기 모형도 그때 처음 봤어요. 클리토리스 문지르는 방법도 알려 주시고, 자위 기구 가지고 오셔서 사용법도 다 가르쳐 주고요. 우린 영감 죽은 친구들한테 자위 기구를 선물로 사 주고 있어요."

이렇게 신명 나는 이야기라니요. 딸들의 성적 욕망을 깨워 줄 필요가 있냐고 반문하셨던 학습자도 활짝 웃으며 고개를 끄덕이는 거예요. 제가 따로 답을 해 드릴 필요도 없었어요.

남성 노인의 성에 대해선 이런 강력한 표현이 있잖아요? "숟가락 들 힘만 있으면 남자는 할 수 있다"는 말이요. 여성 노인의 성에 대해서도 귀에 쏙 들어오는 표현이 있으면 좋겠다고 생각해 왔는데, 당사자의 목소리로 "왜 포기를 해, 그 좋은 것을?" 하고 강력하게 전해 주시니 정말 멋진 거예요.

70대 학습자 덕분에 성교육의 시공간은 서로에게 배우는 앎의 공동체 현장으로 변했답니다. 자, 딸들이 몸과 마음의 기쁨을 누릴 이유는 충분하죠?

한편, 또 다른 교육장에서 만난 초등학교 6학년 여학생은 저한테 이렇게 묻더군요.

"아니, 어떻게 여자가 자위를 해요?"

수업 시간에 한 남학생이 "자위는 야동 보고 하는 거"라는 말을 너무나 당연하게 하길래 제가 자위를 주제로 한참을 말한 뒤였습니다.

"왜 여자가 자위를 하면 안 되나요?"

"이상하잖아요. 부모님이 어떻게 생각하시겠어요? 딸이 자위한다는 걸 알면 엄청 놀라고 실망할 텐데요."

자위에 대한 남학생과 여학생의 인식 차이가 크게 두드러지지요?

오르가슴이 건강에 도움이 된다는 과학적인 연구는 차고 넘칩니다. 《마이 시크릿 닥터》에 언급된 내용만 봐도 오르가슴은 장수에 도움이 되고, 심장병과 뇌졸중, 유방암의 위험을 낮춘다고 해요. 편두통, 만성통증, 우울증 완화를 돕고 스트레스를 줄인다고 하고요. 더불어, 자존감을 높이고 파트너와의 친밀성을 강화하며 삶의 질을 총체적으로 높여 준대요. 의학적인 통계를 통하지 않더라도 오르가슴이 건강에 좋으리라는 점은 충분히 예측 가능하지요. 오르가슴을 느끼는 순간, 몸에 좋은 호르몬이 온몸에 흐를 텐데 건강에 좋지 않을 수 없지요. 이렇게 좋은 오르가슴은 우리가 적극적으로 탐험하고 누려야 할 권리입니다. 그런데 왜 여성에게는 탐험의 방법을 가르쳐 주지 않는 건가요?

여성의 성기를 긴 타원형으로 본다면 대음순 사이 꼭짓점 지점에 있는 클리토리스는 겉으로 볼 때는 새끼손가락 손톱 크기입니다. 우리나라 다큐멘터리 〈피의 연대기〉에서 할머니 인터뷰이는 '밥풀때기'라고 표현하기도 하던데요, 그 정도 크기입니다. 빙산의 일각이라는 표현이 너무나 적절하게도, 클리토리스는 겉으로 드러난 것 아래로 엄청난 뿌리가 존재합니다. 말씀드렸듯, 클리토리스는 쾌감만을 위해 있는 기관입니다. 다른 기능 없이요. 성교육 강사라고 하는 제가 이 사실을 〈아이 엠 비너스〉를 보고 알았다는 거 아닙니까.

구글에 검색해 보면 3D 클리토리스를 볼 수 있습니다. 클리토리스 3D 모형을 판매하는 곳이 있어 저도 얼른 하나 구입했습니다. 마침 이 글을 쓰고 있는 중에 배송되었네요. 어디 봅시다. 클리토리스. 시옷자로 양쪽으로 뻗어 있는 뿌리가 음순 안쪽으로 자리 잡고 있답니다. 클리토리스 주변 조직에는 신경세포가 8,000개 이상 분포되어 있어요. 엄청난 성감대지요. 이 대단한 것을 여성이 품고 있다니까요.

저는 모든 여성이 클리토리스를 통해 느낄 수 있는 감각을 적극적으로 경험해 보면 좋겠습니다. 다른 세계가 열리는 어마어마한 경험이니까요.

안전한 자기만의 공간에서 편안하게 몰입해 보세요. 천천히 클리토리스 주변을 부드럽게 문질러 봅니다. 어느 정도의 자극으로, 얼마만큼 만져 줘야 쾌락의 순간에 오를지는 아무도 몰라요. 몸의 감각은 모두 다를 테니까요. 팔이 아플 만큼 문질러도 반응이 오지 않을 수도 있어요. 클리토리스는 자극에 민감하기 때문에 쉽게 쾌락을 느끼지만 그만큼 쉽게 자극에 익숙해지기도 한답니다. 이럴 땐 움직이는 손길을 멈춰 보세요. 그렇게 클리토리스를 평온한 상태로 잠시 내버려 둔 뒤 다시 자극을 주기 시작하는 겁니다. 꾸준히 하다 보면 누구든 절정을 느낄 수 있어요. 오르가슴을 위해 이 정도 노력은 해야 하지 않겠습니까. 클리토리스는 아무리 자주 문질러도 둔해지지 않는다고 해요. 아끼지 말고 만져 줘도 좋은, 사랑스러운 우리의 몸입니다.

여성은 클리토리스 말고도 남성과는 다른 오르가슴의 특성
이 있는데요, 바로 여러 번의 오르가슴을 느낄 수 있다는 겁니
다. 남성의 경우 한 번의 사정 후 다시 사정에 이르려면 상당
시간이 흘러야 하는데요, 여성은 한 번 느껴도 다시 파도처럼
여러 번의 오르가슴이 밀려온다고 합니다. 저는 지구력도 약
하고 한 번 느끼고 나면 '이제 됐어' 하는 마음이 먼저 들어서
그만둬 버린 적이 많습니다만, 전문가들이 그렇게 말하고 주
변에 경험한 여성들도 있으니 사실이겠지요? 그러고 보니 신
혼 시절에 저도 간혹 경험한 적이 있었네요.

오르가슴에 관한
수다

오르가슴이 어떤 느낌인지는 사람마다 다르겠지요. 대학교 때 같은 과 친구는 오르가슴을 '허리가 뒤로 확 꺾이는 느낌'이라고 표현했는데, 그 말이 저에게는 30년이 지난 지금까지 기억날 정도로 강렬했습니다.

　오르가슴을 어떤 느낌으로 경험하고 있는지에 대한 이야기는 세상에 잘 드러나지 않습니다. 이런 이야기를 나눌 안전한 공간도 없지요. 자기검열에 빠지지 않을 수 있고, 비난이나 평가도 오가지 않을 공간이 필요합니다. 강의 때 오르가슴에 대해 물으면 대부분 말을 가립니다. 공개적인 자리에서 오르가슴을 이야기하기는 꺼려지는 사회니까요. 사적인 대화 공간은 어떨까요? 역시 편안하게 "난 이럴 때 오르가슴을 느껴"라고 말하기는 어렵지요.

여성들이 모인 자리에서 성관계와 관련해서 자주 흘러나오는 이야기는 이런 것들입니다.

"뚱뚱해져서 관계하는 게 두려워."

"내가 자꾸 거부하면 남편이 바람 피울지도 몰라."

"너무 섹스를 안 해서 걱정이야."

강의 현장에서 만나는 30, 40대 여성들은 오르가슴을 느끼지 못한다는 말을 많이 했습니다. 육아에 전념하느라 바쁘기도 하고, 몸도 지쳐 있다 보니 성관계를 하고 싶은 생각도 옅어지고 남편도 성기 삽입 위주로만 하니까 어서 끝내라 하는 마음뿐이라고요. 이런 시간들이 누적되다 보니 "가족끼리는 섹스하는 거 아니야"라는 농담 같은 말로 부부 사이의 성관계를 일갈하는 문화만 키웠습니다.

양육자를 대상으로 성교육을 할 때, 마음의 각오도 해 두고 있고 공부도 하고 있어서 아이들이 성적인 질문을 하면 대답할 준비가 다 되어 있는데, 정작 아이들이 질문을 안 한다고 하소연하시는 분들이 있습니다. 저는 아이들에게 먼저 다가가시라는 말씀을 주로 드리는데요, 아이들에게 성적인 대화를 나눌 수 있는 안전한 사람이라는 시그널을 주려면 어른이 먼저 대화의 공간을 훤하게 열어 놓고 아이에게 적극적으로 초대장을 보내야 합니다.

마찬가지로, 어른들에게도 성적인 욕망이나 탐색, 오르가슴, 자위 등을 자유롭게 이야기 나눌 수 있는 대화의 공간이 필요합니다. 그래서 저도 초대장을 보내자는 생각을 행동으로 옮겨 봤습니다. 주변 여성들에게 모여서 성에 대해 대화 좀 해 보자고 메시지를 보냈지요. 이럴 땐 성교육 강사라는 점이 장점으로 작용합니다.

메시지를 보내자마자 신기하게도 모두들 이런 이야기를 나누고 싶었다고, 너무 중요한데 터놓고 이야기할 데가 없었다는 말부터 해 주었습니다. 그렇게 해서 모인 사람들은 오르가슴 이야기도 서슴없이 꺼냈습니다.

"꽃봉오리가 화르르 피어나는 느낌이에요. 에너지가 응축되어 있다가 온몸으로 확 퍼져 나가는 것 같아요. 내 몸의 세포 하나하나가 깨어나는 느낌이랄까요. 오르가슴을 느끼지 않은 적이 없어요. 매번 느껴요. 남편이 잘 기다려 주거든요. 관계 중에 말을 많이 해요. 물어보면서 타이밍을 조절해요. 어떻게 하면 좋은지, 지금은 어떤지 뭘 자꾸 물어보면서 내 몸에 맞춰 줘요. '오늘 더 많이 느끼네, 좀 부드럽게 해 줄래?' 이런 피드백을 관계 중에 계속해 주기도 하고요. 그러고 보니 우리는 정말 섹스 중에 대화를 많이 하네요."

결혼 8년 차 J는 성관계를 하면서 어떻게 오르가슴을 느끼지 않을 수 있는지 진심으로 의아해했습니다. 오, 놀라워라. 인디언이 기우제를 지내면 반드시 비가 온다고 하잖아요? J의 오르가슴은 이를테면 비가 올 때까지 기우제를 지낸 결과라고 할 수 있겠네요. J의 남편은 세심하게 물어보고 애정을 표현하고 자신의 욕구도 솔직하게 전달하면서 아내가 기쁨의 순간에 도달할 때까지 기다려 준 거지요. 기다려 준다! 이 대목이 핵심입니다. 기다려 주는데 오르가슴에 이르지 않을 수가 없는 겁니다.

"오르가슴을 느끼려면 대단한 기술, 체위보다는 마음이 편안하고 안정된 상태여야 해요. 여자들은 성관계하면서도 걱정이 많잖아요? 자기 몸에 대한 불신부터 '애들 깨면 어떡하지? 옆집에 소리 들리면 어떡하지?' 하는 환경적인 불안까지. 이런 걱정이나 불안이 잠재워지면 오르가슴은 자연스레 찾아오는 것 같아요."

한창 아이 셋 육아에 바쁜 G의 답변입니다. 정말 그래요. 섹스 한번 하는 데도 이런저런 걱정을 하게 돼요. 자기의 몸에 집중하고 적극적으로 요구하기보다 상대에게 내가 어떻게 보일지, 섹스를 하고 있는 현장이 다른 사람에게 들리거나 보이지 않을지 두려움을 느끼게 되지요. 저도 그랬던 것 같아요. 아이들이 어릴 때는 성관계할 때 늘 불안했거든요.

"예전에는 남편이 먼저 섹스를 요구하거나 분위기가 만들어져야 욕구가 일어났거든요. 요즘은 그런 자극이 없을 때 성적인 충동이 확 일어날 때가 있어요. 꿈을 꿀 때가 있거든요. 저는 보통 생리하기 3, 4일 전에 섹스하는 꿈을 꿔요. 꿈속에서 섹스를 엄청 열정적으로 하는데 꼭 오르가슴에 실패해요. 결정적인 순간에 잠이 깨거든요. 깨 보면 몸이 확 달아 있어요. 그럴 때는 자위를 해요. 남편과는 방을 따로 쓰거든요. 남편이나 아이가 들어오면 안 되니까 문을 꼭 잠그고 자위를 해요. 오르가슴을 느낄 때까지. 몸이 떨리고 심장이 터질 것 같은 느낌이 있어요. 짧지만 강렬하게 와요."

출산 이후의 성관계에서 출혈이 있었던 S는 남편과의 삽입 섹스가 조금 두렵다고 합니다. 남편과의 섹스에서 서로의 자위를 조력해 주는 방식을 택하기도 한답니다. 섹스를 자주 하지 않아도 일상의 관계에서 서로 애정하는 사이이므로 불만은 없다고 합니다. 자기 몸의 욕망을 잘 읽어 내고 자기검열 없이 욕망을 채울 줄 아는 S의 이야기를 의미 있게 들었습니다.

저희 센터에서 글쓰기 모임을 끝내고 즉흥적으로 자위 잡담회를 연 적이 있습니다. 마침 섹스토이 몇 종을 가지고 있고 즐겨 사용하고 있는 G가 잠시 특강을 해 주었습니다. 한마디로 난리가 났어요. 일찍 가야 한다고 가방부터 둘러메던 사람들도 자위 특강이 있을 거라는 말에 눈을 반짝거리며 다시 자리에 앉더라고요. 20대 여성인 G가 섹스토이를 하나씩 보여 주고 사용법을 설명해 주는데 앞에 앉은 40~50대 여성 넷이 세상 처음 보는 물건에 환호가 터졌습니다.

"우리는 이런 것도 모르고 50년을 살았네요."

"오르가슴이 뭔지, 클리토리스가 뭔지 오늘 처음 들었어요."

마침 저도 클리토리스 3D 모형이 있어서 우리 몸에 숨겨져 있던 성적 기관을 눈으로 확인시켜 줬더니 모두가 깜짝 놀라는 거예요. 그동안 몸과 성적 욕망에 대해서 얼마나 무지했었는지 깨닫는 시간이었어요.

무엇보다 섹스토이를 손등에 대고 시연해 보면서 어디에서도 솔직하게 이야기하지 못했던 성적인 욕망, 오르가슴, 사정, 발기 등에 대해 자유롭게 말하는 해방감이 대단했습니다. 성에 관한 이야기를 안전하게 할 수 있는 공간이 허용될 때, 여성들이 그 안에서 얼마나 자유로울 수 있는지 목격했답니다. 여성들이 성적 언어를 자유롭게 발화할 때 맞이하게 되는 변화는 '혁명'이라고 불러도 손색이 없을 거예요.

잡담회 다음 날, 참석자 분이 감회를 들려주었습니다.

"심리적으로 웅크리지 않고 툭 터놓고 함께 이야기 나누면서 건강한 웃음을 지을 수 있었어요. 집에 와서 생각해 보니까 맘 한쪽이 후련하더라고요. 내가 내 성을 주체적으로 알아 가고 느껴 보고, 이제는 섹스토이도 당당하게 주문할 수 있다니,

스스로 좀 기특한 거 있죠. 성은 자존감과 연결되어 있는 것 같아요. 40대 중반이 되어서야 더듬더듬 알아 가네요."

자위 특강을 맡았던 G도 고백했습니다. 섹스토이 사용법을 알려 주는 시간을 통해 스스로도 무척 고양되었다고요.

"저도 이런 대화는 살면서 처음이었어요. 남편과도 민망해서 깊게 대화 못 하거든요. 어제 집에 도착해서 차에서 내리지 않고 40분을 남편과 통화했어요. 다들 너무 좋아해 주셔서 기뻤다고 자랑했어요."

여성과 남성이 둘러앉아 자신의 욕망이 환하게 들여다보이는 대화를 아무렇지 않게 나누는 장면을 늘 마음에 품어 왔습니다. 성적 기쁨이 수치심과 연결되지 않고 오히려 자긍심을 돋게 하는 시공간을요. 이런 자리에서 자신의 몸과 성을 주제로 한 이야기들이 즐겁게 쏟아지기를 꿈꿨지요. 자기 몸과 성을 실존의 토대로 삼고 삶을 즐겁게 살아 내는 개별 존재들을 응원합니다.

자위 잡담회 이후 우리는 온라인 대화방을 따로 만들어 섹스토이 이야기를 이어 갔습니다. 이 경험으로 저에게는 모두에게 열린 성적 대화의 공간이 더 절실해졌답니다.

마지막으로, 이런 이야기를 나눌 때 지켜야 할 원칙이 있습니다. 비난이나 검열 없이 성적 쾌락을 마음껏 말할 수 있어야 한다는 겁니다. 섹스에는 위계가 없습니다. 동료의 섹스를 평가하거나 참견하지 말고 그대로 들어 주세요. 사정하지 않고 오래 버틴다고 좋은 섹스도 아니고, 질 오르가슴, 핵 오르가슴, 지스팟 오르가슴 중 가장 좋은 게 이거더라, 말할 수도 없습니다. 편견 없는 대화로 존재의 경계가 한 뼘은 넓어질 겁니다.

좋은 섹스의 기본 조건

1. 파트너와 섹스를 위한 '합의'를 합니다.

파트너가 섹스를 하고 싶어 하는지 확인하셨나요? 눈빛만 보면 알수 있다는 건 착각입니다. 파트너도 원하는 느낌이었다고 지레짐작하지 마세요. 오래도록 신뢰를 쌓아 온 관계가 아니라면 파트너도 섹스를 원한다는 분명한 표현을 해야 동의한 것이라고 여겨 주세요.

① 조르지 마세요. 섹스는 졸라서 하는 거 아닙니다. "나를 사랑한다면 섹스를 해야지" 이런 말은 하지 마세요. 통제나 협박은 절대 안 됩니다. 사랑한다면 파트너의 의견부터 묻는 거예요. 파트너가 침묵한다면, 침묵의 의미가 무엇인지 헷갈린다면 그 의미를 다시 물어 주세요. 침묵은 거부의 표현일 수 있습니다.

② 몸짓언어도 충분히 살펴 주세요. 몸이 경직되어 있다면 성적인 행위가 불편하다는 의미기도 합니다. 파트너와 나 사이의 권력적 위치가 다를 경우 동의를 구하는 과정은 더 섬세해야 합니다.

③ 동의는 행위의 단계마다 새롭게 구해야 합니다. 키스는 괜찮아도 애무는 싫을 수 있습니다. 삽입 직전까지는 동의했다가 삽입 단계에서 동의를 철회할 수 있습니다. 파트너가 마음이 바뀔 수도 있고, 성관계의 과정이 불편해서 그만둘 수도 있습니다. 너무나 당연한 성적 권리입니다. 존중이 필요합니다.

④ 술과 약물에 취한 상태에서의 동의는 위험합니다. 파트너가 의사를 표현할 수 있는 상태가 아닌 경우에 이루어지는 일방적인 성관계는 성폭력입니다. 준강간으로 처벌받을 수 있는 사안입니다. 술에 취했다는 것이 섹스를 허용한다는 의미가 아님을 기억하세요.

2. 안전한 섹스를 위해 사전 준비를 해 주세요.

임신과 성매개 감염은 단 한 번의 섹스에서도 가능합니다. 섬세한 준비가 필요합니다. 우리나라 드라마 〈판타G 스팟〉에는 섹스만을 위한 파트너를 찾는 과정이 나옵니다. 이때 성매개 감염병 검사 결과지와 성범죄 조회서를 요구하고 교환하는 장면이 인상적이었습니다. 필요한 일입니다. 연인이어도, 섹스만을 위한 사이여도 서로의 안전을 위해서 병원 진료를 받는 것이 관계의 시작이 됩니다. 피임은 어떤 방법으로 할지도 미리 상의합니다. 각자 실천하고 있는 피임의 종류를 확인하고 피임 방법을 정해 함께 준비합니다. 콘돔 착용은 임신과 성매개 감염병을 동시에 막아 주는 유일한 방법입니다. 느낌이 좋지 않다고, 섹스 중간에 흐름을 깬다고 콘돔 사용하기를 거부하는 경우가 있는데요, 임신과 성매개 감염에 대한 두려움이 섹스의 즐거움을 가로막는 걸림돌이 된다는 것을 기억하세요. 콘돔이 재미있는 섹스를 방해한다고요? 아니요. 안전하지 않은데 섹스에 어떻게 몰입할 수 있나요?

3. 섹스 중에 서로의 의견을 충분히 나누세요.

사람의 욕망은 모두 달라요. 몸의 감각도 다르고 취향도 다릅니다. 각자 지니고 있는 도덕적인 기준도 다르고 영향받고 있는 성적 규범도 다릅니다. 내가 원하는 섹스가 무엇인지 평소에 탐색해 두었다면 표현이 더 쉬울 수 있겠지요? "손으로 만져 주면 좋아", "젖꼭지를 너무 세게 빨지 말아 줘", "삽입하기 전에 애무를 충분히 해 주면 좋겠어" 등 먼저 자신이 어떤 성적 욕망을 가지고 있는지, 허용되는 범위의 성적 행위는 어디까지인지 표현한다면 파트너도 자신을 표현하는 데 더 편안함을 느낄 거예요. 섹스는 관계입니다. 함께 욕망을 조율하면서 몸의 감각을 나누면서 성관계를 구체적으로 만들어 가는 겁니다. 다름을 인정하는 가장 기본적인 원칙은 소통을 잘하는 거예요. 성적 의사소통이 잘 이루어져야만 섹스의 즐거움도 커집니다.

4. 두 사람 모두 충족하는 섹스여야 합니다.

섹스는 같이 끝내는 겁니다. 이성간 섹스에서 남성 파트너의 삽입과 사정을 섹스의 절정이라고 여기는 경우가 많습니다. 한쪽이 사정을 했어도 파트너는 섹스를 즐길 시간이 더 필요할 수 있습니다. 언제 끝낼지는 파트너와 교감하면서 같이 정하세요. 섹스의 마무리에서 발휘하는 배려도 중요합니다. 서로 몸을 맞대고 여운을 느껴 주세요. 마음의 전달이 필요해요. 격려도 좋고 고마움의 표현도 좋습니다. 섹스 중에 불편함은 없었는지, 피임에 있어 걱정되는 점은 없는지 물어봐 주세요. 섹스 후에 서로의 몸과 마음을 살피는 일까지 함께하는 것입니다.

5. 피임은 공동의 책임입니다.

피임에 실수가 있었거나 몸에 이상증세가 나타났다면 함께 책임을 나눠 주세요. 응급피임약을 처방받는 일부터 임신 여부를 확인하는 일까지 함께하는 거예요. 여성의 몸에 일어나는 일이라고 여성만 책임지도록 해서는 안 됩니다. 만약에 임신이라면 이건 두 사람 공동의 일이 됩니다. 섹스 후에 성매개 감염병으로 의심될 만한 증상을 발견했다면 상대에게 꼭 알려야 하고 같이 치료를 받아야 합니다. 병의 종류에 따라 잠복기가 길 수도 있으니 시간을 두고 자기 몸을 관찰할 필요도 있습니다.

6. 몸과 공간의 위생도 챙겨 주세요.

영화를 보면 화장실에서 격정적인 섹스를 하는 장면이 나오는데요, 화장실이라는 공간에서 과연 서로 충분히 배려하고 몰입할 수 있을까요? 이 이야기를 청소년들에게 했더니 "스릴 있잖아요" 하던데요. 취향의 문제일 수도 있겠지만, 분위기 있는 공간까지는 아니더라도 남들이 들어올 수 있는 곳이라면 섹스하기에는 적절한 공간이 아니라는 점을 이해하면 좋겠어요.

몸의 위생도 중요한 요소입니다. 파트너에 대한 최소한의 에티켓이지요. 성관계의 필수 조건이 무엇이라고 생각하냐는 질문에 특히 여학생들이 "샤워하기"라고 대답을 많이 합니다. 샤워와 양치질은 기본으로 돼 있어야죠. 너무 당연한 부분이기도 하지만 성욕이 당장 끓어오르고 있는 순간이라면 놓칠 수도 있으니까요. 물론 냄새 나는 몸까지도 받아들이겠다고 서로 동의했다면 괜찮습니다.

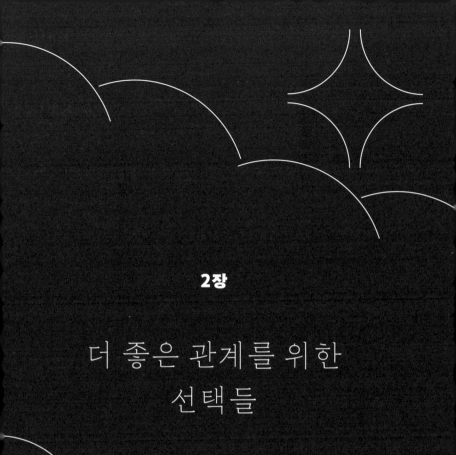

2장

더 좋은 관계를 위한
선택들

눈빛, 손잡기, 포옹,
키스, 섹스는 연결돼 있다

안전한 강의 공간에서만 흘러나오는 저만의 이야기가 있는데요, 바로 남편의 다정한 눈빛에 대한 거랍니다. 이게 잘못 전해지면 팔불출 자랑처럼 들릴 이야기라 조심스럽거든요. 듣는 사람의 품이 아주 넉넉할 때, 어떤 이야기도 순수하게 흡수된다고 느낄 때 자연스럽게 남편 이야기가 나옵니다.

언젠가 남편과 제가 미용실에 함께 갔을 때입니다. 우리 두 사람을 두고 직원들이 내기를 했다나요? 저 둘은 부부가 아닐 것이다, 저런 눈빛은 오래 산 부부에게서 나올 수 없다, 추측했다고요. 제가 머리를 할 때 남편이 저를 그윽하게 바라보던 모습이 그렇게 낯설었나 봅니다.

저는 남편으로부터 애정 어린 눈길을 자주 받습니다. 같이 텔레비전을 보다가 남편의 눈길이 느껴져서 "왜?" 하고 물어볼 때면 남편은 "이뻐서"라고 대답합니다. 빈말처럼 느껴지지 않아요. 그 눈빛에 담긴 나를 아끼는 마음이 보이거든요. 마음에 없는 말은 할 수 있지만 마음에 없는 것을 눈빛에 담아 내기는 어렵잖아요.

남편과 손잡는 것도 일상입니다. 손은 내 눈에 보이는 심장이기도 하고 마음이기도 하지요. 다른 존재와 깊게 겹쳐지고 싶으면 손을 잡으면 됩니다. 손잡기는 마음을 포개는 감미로운 행위입니다.

우리가 나누는 성관계가 따뜻하려면 침실 밖에서의 일상에서부터 다정해야 합니다. 서로에 대한 감정이 일상에서 눈빛이라든가, 손잡기라든가 하는 구체적인 행위로 전해져야지요. '아, 내가 사랑받고 있구나' 하는 마음이 있어야 성관계도 따뜻하게 연결됩니다.

이런 이야기를 한 다음에는 학습자들에게 언제 사랑받고 있다고 느끼느냐는 질문을 드립니다. 그럼 다들 갸웃합니다. "그러니까요, 사랑을 받고 있을까요?" 누가 이런 류의 농담을 던지면 웃음이 와르르 터져 나옵니다.

섹스는 침실에서만 벌어지는 이벤트가 아니어야 합니다. 중년 이후의 학습자들이 배우자가 성관계를 거부하는데 어떻게 하면 좋을지 자주 묻습니다. 아침부터 잠자리에 드는 때까지 배우자에게 애정 어린 눈빛과 말을 건네세요. 일상생활 내내 마음을 표현하는 겁니다. 그래야 가능합니다. 또한, 중년 이후 몸 상태가 달라지잖아요. 발기가 잘 안 돼서, 완경 이후라 질이 건조해서, 하고 싶은 욕구가 시들해져서 성관계에 어려움을 느끼는 분들이 있습니다. 그런데 성기 삽입만이 섹스의 전부가 아니잖아요. 우리에게는 손도 있고 눈도 있고 입술도 있습니다. 온몸이 성감대예요. 몸이 달라졌다면 성관계의 내용도 달라져야 합니다.

강한 남성에서
공감하는 남성으로

루카스 돈트 감독의 영화 〈클로즈〉는 남성이 되는 과정을 담고 있습니다. 감독 인터뷰를 보니 촬영 시작 전에 종이 한 장에 '남성성'이라는 단어를 적어 두고 자주 보았다고 해요. 남자아이였던 존재가 어떻게 남성이 되는지 카메라는 조용히 따라갑니다.

주인공 레오와 레미는 둘도 없는 친구 사이입니다. 시골 마을에서 어릴 때부터 어울려 놀았고 서로의 집을 자기 집처럼 드나들며 함께 자고 밥 먹고 몸을 부딪치며 지냈습니다. 어찌나 친밀한지 둘이 지내는 모습을 화면으로만 봐도 미소가 떠오를 정도입니다. 둘은 중학생이 되고 운이 좋게도 같은 반이 됩니다. 중학교 교실은 무리가 만들어지는 최초의 공간이기도 합니다. 여자아이들과 남자아이들은 따로 어울립니다. 움직임이 작고 조근조근 말하기를 좋아하고 어깨동무를 하는 레오와 레미는 여자아이들과 더 친하게 지냅니다. 주변의 남자아이들은 농구를 하고 몸싸움을 하고 거친 말을 주고받습니다. 어느 날은 잔디에 둘러앉아 이야기를 나누는데 여자아이들이 레오와 레미에게 둘이 무슨 사이냐고 물어요. 친구라고 하기에는 특별해 보인다고요. 레오가 "너희들도 그렇지 않니?" 반문하니 여자아이들은 남자들끼리 그러는 건 이상하다고, 혹시 사귀는 거냐고 놀리듯 말하고 웃습니다. 남학생들까지 수시로 레오와 레미를 툭툭 건들면서 "게이냐?" 비아냥대고, 이에 신경질적으로 반응하면 "왜 이렇게 예민하니? 생리해?" 하고 되묻습니다.

레오는 레미를 좋아하지만 무리에서 소외되는 것이 두려워요. 그래서 아이스하키팀에 들어가 또래 남자아이들의 문화에 스며듭니다. 레미와 거리를 두면서요. 그러는 중에 레미는 멀어진 둘의 사이에서 고통을 느끼고 죽음을 선택하게 됩니다. 레오는 레미의 죽음이 자신 때문임을 알지만 또래문화에 더 깊이 젖어드는 것으로 상실감을 이겨 내려고 합니다. 오랜 시간이 흐른 뒤, 레오는 레미 엄마에게 고백합니다. 레미의 죽음이 자기 때문이라고. 그리고 웁니다.

레오에게 있어 레미의 죽음은 자신의 고유한 본성 한쪽의 거세를 상징하는 것이지요. 원래 자기 안에 있던, 감정 표현을 잘하고 다른 사람과 교감하는 것을 좋아하던 성향을 '남성이라면 강해야지' 하는 남성성을 강요받으면서 제거한 겁니다.

〈클로즈〉는 중학교에서 만난 또래들 사이에서 소외되지 않기 위해 그 문화에 적극적으로 응하면서 남성성의 옷을 자연스럽게 입게 되는 소년의 이야기예요. 그렇게 남자가 되는 거지요. 돈트 감독은 어릴 적 꿈이 무용수였다고 해요. 그런데 친구들의 괴롭힘과 놀림이 두려워 꿈을 포기했다고 해요. 남성다워야 한다는 사회문화적 메시지는 또래 친구들로부터 가장 강력하게 전달됩니다. '이 무리에 들어오지 않으면 소외될 거야'라는 메시지는 누구에게나 두려움을 줍니다. 레오는 남성성이 아닌 것들을 죽여 가며, 잘 울던 아이에서 울지 않는 남자가 됩니다. 친절하던 아이가 이따금씩 폭력을 휘두르는 남자로 성장합니다. 이것이 〈클로즈〉가 그리고 있는 남성성을 둘러싼 사회화 과정이랍니다. 우리 사회를 그대로 보여 주고 있죠.

대안은 없을까요? 자신의 성향을 묻어 버린 채 강요된 남성성의 옷만을 입고 계속 살아가야 할까요? 영화의 마지막 장면에서 저는 희망을 읽었습니다. 레미의 죽음이 자기 때문이라고 고백하고 레미 엄마의 품에서 마음 놓고 우는 레오를 보면서요. 레오는 자신이 죽여 버린 자기 내면을 알아차리고 스스로 애도합니다. 레미의 엄마는 레오를 품에 안고 머리를 쓰다

듣어 주며 레오가 마저 울 수 있도록 기다려 줍니다. 저는 레오 엄마 역할이 바로 우리가 해야 할 일이라고 생각합니다. 마음속에 곱게 놓여 있는 보드라운 감정을 남성 스스로 존중할 수 있도록 다독여 주는 주변인이 되어야지요. 세상이 강요하는 남성성에 자신을 가두도록 두지 않고 '다른 남성'이 될 수 있는 가능성을 북돋아 주는 겁니다. 그럼 '다른 남성'은 어떤 남성인가요? 저는 이 질문에 자신의 감정과 타인의 감정을 헤아리는 공감능력을 가진 사람이라는 답을 내겠습니다. 미국의 사회운동가 벨 훅스는 책《모두를 위한 페미니즘》에서 "가부장제는 모든 남자에게 정신적 자기 절단을 행할 것을, 자신의 감정적 부분을 도려낼 것을 요구한다"고 말했습니다. 가부장제 사회가 규정한 여성성이 여성의 삶을 제한하듯, 가부장제 사회에서 강요된 남성성 역시 개별 남성의 삶에 깊이 영향을 미쳤습니다.

강한 남성이 진정한 남성으로 인정받는 사회에서 남성들은 어릴 때부터 자신의 남성성을 증명하기 위해 애씁니다. 강한 남성성은 폭력적인 문화를 강화시키고요. 어릴 때부터 약해지면 안 된다는 요구를 끊임없이 받아 온 남성은 자라서 어떤 존재가 될까요? 2016년 5월 강남역 여성 살인 사건부터 2022년 7월 인하대 성폭력 사망 사건과 2022년 9월 신당역 스토킹 살인 사건, 2023년 8월 신림동 등산로 성폭력 살인 사건까지, 우리 사회에 일어난 강력범죄의 가해자가 남성이라는 사실은 우연이 아닙니다. 검찰청 통계에 따르면, 2021년 기준 살인 범죄자의 75.2퍼센트가 남성이었습니다. 또한 성폭력 범죄자 95퍼센트가 남성이었습니다. 2021년 흉악범죄(살인, 강도, 방화, 성폭력) 3만 5,126건 가운데 피해자가 여성인 사건이 2만 8,228건이라는 현실은 우리 사회의 남성문화를 돌아보게 합니다.

자기 감정을 이해하고 표현하는 방법을 배울 기회가 부재했던 남성들에게 가장 먼저 요구되는 것은 바로 공감능력입니다. 타인의 감정에 공감할수록 타인에게 폭력을 행사하기 어려워진다는 것은 자명한 사실입니다.

나 아닌 다른 존재의 입장을 생각하고 그 존재의 감정을 헤아리는 일이 얼마나 대단한 역할을 하는지 보여 주는 책으로 제인 엘리어트의 《푸른 눈, 갈색 눈》이 있습니다. 1968년 4월 5일 마틴 루터 킹이 암살당한 날, 아이오와주 라이스빌의 초등학교 3학년 교사인 제인 엘리어트는 인종차별의 잔인함을 아이들에게 가르쳐야겠다고 마음먹습니다.

"나는 우리가 흑인 아이로 살아가는 게 어떤지 실제로는 모른다고 생각해. 그렇지 않니?"

엘리어트는 반 아이들에게 실험을 제안합니다. 이름을 붙이자면 '푸른 눈, 갈색 눈'이라는 실험입니다. 푸른 눈을 가진 사람이 낮은 사람이고 갈색 눈을 가진 사람이 높은 사람이라고 정한 뒤 반 아이들을 두 그룹으로 나눕니다. 갈색 눈을 가진 사람은 똑똑하고 깨끗하고 우월한 사람이라는 이유로 급식을 먹을 때도 먼저 먹을 수 있고 노는 시간도 더 많이 가질 수 있는 권한을 줍니다. 어떤 변화가 일어났을까요?

처음에는 눈치만 보던 갈색 눈 아이들이 푸른 눈 아이들을 무시하기 시작합니다. 놀이터에서 그네를 타고 있는 푸른 눈 아이를 밀치고는 푸른 눈 아이들은 열등하기 때문에 그렇게 대해도 된다고 말하지요.

푸른 눈 아이들도 변합니다. 수업 시간에 위축된 모습을 보입니다. 갈색 눈 아이들이 자신들을 부당하게 대해도 저항하지 않습니다. 자기들은 그런 대접에 익숙하다는 듯이요.

정해진 실험 시간이 지나자, 엘리어트는 규칙을 바꾸겠다고 아이들에게 말합니다. 이제부터는 푸른 눈 아이들이 우월한 사람이 되고 갈색 눈 아이들이 열등한 사람이 되는 실험을 하겠다고요.

어떤 일이 일어났을까요? 푸른 눈 아이들이 그동안의 억울함을 갈색 눈 아이들에게 모두 풀었을까요? 놀랍게도 결과는 반대였습니다. 푸른 눈 아이들이 갈색 눈 아이들을 '덜 악랄하게' 대했다는 겁니다.

초등학교 5학년 학생들에게 이 실험 이야기를 들려준 적이 있습니다.

"만약에 여러분이 푸른 눈을 가진 아이들이라면 어떻게 했겠어요?"

제가 묻자 "복수하겠다", "더 심하게 대하겠다", "당한 만큼 때려 주겠다"는 답이 여기저기서 쏟아졌는데 그 틈에서 한 아이가 조용하게 말했습니다.

"저는 더 친절하게 대할 거예요. 차별을 당해 봤으니까, 당하는 입장이 얼마나 속상한지 알게 되었을 거예요. 그래서 저는 갈색 눈 아이들에게 더 잘 대해 주겠어요."

작은 목소리로 전하는 그 말이 반가워서 얼른 그 말을 다른 아이들에게도 잘 들리도록 다시 전해 줬습니다.

'상대의 모카신을 걷고 1마일을 걸어 보기 전까지는 상대를 평가하지 말라'는 인디언 속담이 있습니다. 공감은 상대의 마음을 잘 이해하기 위해 기꺼이 그 사람이 서 있는 자리로 옮겨 가는 것입니다. 공감능력은 그 자리에서 같은 경험을 해 보려는 의식적인 노력으로 만들어지는 능력입니다. 그의 자리에서서 그의 언어가 나오게 된 경험을 상상해 보려고 노력해야 합니다. 그래요. 공감능력은 이렇게 상상력과도 닿아 있습니다. 엘리어트 선생님네 반 아이들이 실험을 통해 흑인으로 사는 경험을 해 보고 차별받는 사람의 마음에 공감하게 되었듯,

사회적인 차별과 폭력에 노출되어 있는 사람의 입장이 되어 그 마음을 읽어 보려는 일상의 실험을 해야 합니다.

　어떤 사람과 마주하고 있을 때, 같은 경험 안에 있을 때, 서로가 가지는 감정이 다를 수 있다는 것을 늘 염두에 두어야 합니다. 나에게는 문제되지 않는 상황을 상대는 불편하게 느낄 수 있습니다. 그런 의미에서 성적 관계에서도 공감능력은 아주 중요합니다. '상대의 마음은 어떨까?' 자주 물어야 할 질문입니다.

울수록 자유로워진다

시어머니가 돌아가셨을 때의 일입니다. 둘째 아이가 장지로 가는 버스 안에서 남편이 울고 있는 모습을 보았답니다.

"아빠, 울기에는 너무 늦은 것 같지 않아?"

둘째가 남편에게 이렇게 말하자 남편이 대답했습니다.

"사람들 있는 자리에서 울 수는 없었어."

진작 울고도 남았을 그 슬픔의 며칠을 눈물 한 방울 흘리지 않고 보낸 아빠가 뒤늦게 버스 안에서 울고 있는 모습이 아이의 눈에는 이해가 되지 않았나 봅니다. 남편은 장남으로서 처리해야 할 일들을 해내느라 울 틈도 없었을 테고, 사람들 앞에서 우는 모습을 보이고 싶지 않은 마음에 슬픔을 꾹꾹 눌러 놓았을 겁니다. 부모 돌아가셨을 때만은 울어도 된다고들 하지만 슬픔을 원하는 대로 풀어놓는 것이 익숙하지 않은 어른 남자의 전형적인 모습입니다. '울면 안 된다', '나약해서는 안 된다'는 남성성에의 기대에 부응하느라 마음에 일렁이는 수없이 다양한 감정들을 가라앉히기만 한 결과지요. 가부장제 사회가 요구하는 남성이 되어야 했기에 자신의 감정으로부터 멀어져야 했고, 부양의 책임을 평생의 짐으로 짊어진 채 온전한 자신과는 다른 삶을 살고 있는 남성들이 애잔합니다.

가끔, 드라마를 보면서 자주 눈물을 훔치던 돌아가신 아버지 생각이 날 때가 있습니다. 강해 보이던 아버지는 드라마 앞에서는 쉽게 허물어지시곤 했어요. '울 장면은 아닌데' 의아하게 쳐다보는 시선을 의식하면서도 아버지는 곧잘 우셨습니다. 아버지의 마음을 사로잡은 이야기는 무엇이었을까요? 드라마를 통해서라도 다시 써 나가고 싶었던 생의 이야기가 있었을까요? 이루지 못한 사랑의 회한이라든가, 고단한 생계 앞에 무릎 꿇고 사느라 돌보지 못했던 보드라운 욕망이라든가 하는 것들 말입니다. 쓰지 못한 이야기, 가지 못한 길이 있어 외롭고 허무했을 마음이 드라마 앞에서 눈물로 툭 터져 버린 것이리라고 지금의 저는 짐작합니다. 자아나 꿈이나 사랑은 끝내 찾지도 못한 채 등에 혹처럼 붙은 '아버지'라는 역할에만 충실하다가 무대 뒤로 저물고 만 남자가 어디 우리 아버지뿐일까요?

아버지를 보던 안타까움의 눈길이 이제는 그때의 아버지만큼 나이 든 남편에게로 향합니다. 안타까울 때가 많습니다. 언젠가 시골에서 일하는 남편의 등을 봤는데요, 등이 너무나 굽어 보였어요. 사회가 입혀 준 남편으로서의 옷, 아비로서의 옷을 벗고 자유롭게 어디든 자신이 원하는 옷을 입고 자신의 모습으로 지낼 수 있기를 바라는 마음이 간절합니다.

무엇보다 잘 우는 남자가 되면 좋겠어요. 울어야 하는 순간에 누구의 눈치도 보지 않고 잘 우는 사람이 용감한 사람입니다. 사회가 우리에게 강요한 역할, 그어 놓은 선 바깥으로 걸어 나와서 지금의 감정에 충실할 수 있으려면 용기가 필요합니다. 이런 용기를 공부해야 합니다. 잘 우는 남자의 모습을 마구 드러내자고요. 남자가 마음 놓고 잘 울어야 강고한 남성성이 해체됩니다.

우는 남자는 약하다는 고정관념을 우는 남자들이 쓱쓱 지워 가는 모습을 보고 싶습니다. 울 수 있는 남자가 타인의 상처를 들여다볼 수 있어요. 누군가의 울음소리에 예민하게 귀를 열어 놓을 수 있습니다. 이는 울어 본 사람만이 가닿을 수 있는 경지랍니다.

울고 싶을 때 도움이 되는 그림책 하나를 소개하겠습니다. '울 줄 아는 건강한 아이를 위한 그림책'이라는 부제가 달린 존티 홀리의 그림책《남자가 울고 싶을 땐》의 주인공 레비는 너무 울고 싶은 아이입니다. 전학을 왔는데 학교에 가는 첫날 눈물이 날 만큼 긴장이 되었거든요. 아빠는 남자는 우는 거 아니라고 달랩니다. 그래서 울음을 꾹 참고 학교에 가는데, 길에서 눈물을 흘리는 남자들을 보게 됩니다. 가족과 헤어지는 뱃사람 아저씨, 고양이를 잃어버린 오토바이 타는 아저씨. 평소 눈물 한 방울 흘릴 것 같지 않은 강인한 어른 남성들이 눈물을 흘리며 울고 있는 모습을 보고 레비는 안도합니다. '울고 싶을 때 울어도 되는구나', '운다고 약해지는 것이 아니구나' 새롭게 알게 됩니다

울어도 돼요, 우는 모습을 보여도 돼요. 우는 일이 약함의 표시가 되지 않기를 바란다면, 울지 않는 남성이 강하다는 관념이 흩어지기를 바란다면 속상하고 슬프고 두렵고 겁나고 도망가고 싶고 포기하고 싶을 때 눈물을 흘려요. 사람들 앞에서 울어요. 그래도 괜찮습니다.

다른 존재가 되기 위한
일상의 실천들

1. 자기에게 친절하게 말 걸기

교육 프로그램을 진행할 때 자주 하는 활동이 있어요. 문장 카드들
을 책상에 펼쳐 놓고 지금 이 순간 나에게 들려주고 싶은 문장을 한
장 고르는 겁니다. 초등학생부터 노년의 학습자까지 다양한 연령대
를 대상으로 수업을 진행해 봤는데요, 나이나 성별은 달라도 대부
분 비슷한 카드를 뽑습니다. 가장 많이 뽑는 문장들을 소개하면 "괜
찮아, 네 탓이 아니야", "잘해 왔고 잘하고 있고 잘할 거야", "지금 모
습 그대로가 좋아", "당신 때문에 웃어요……." 모두가 나를 위로하고
응원하는 문장들입니다. 자신이 고른 문장이 무엇인지 다른 학습
자들에게 발표하게 하고 발표자의 표정도 세심히 살펴봅니다. 다들
정말 환하게 웃습니다. 휴대폰으로 사진을 찍는 분들도 있고 문장
카드가 좋다고 어디서 구입하냐고 묻는 분도 있습니다.

모두가 이렇게 힘을 주는 말을 듣고 싶어 합니다. 곁에 있는 사람들

이 나에게 매번 이런 좋은 말을 들려주면 좋겠지만 그렇지는 못하겠지요. 그러니 나를 기쁘게 하는 말, 용기를 주는 말을 스스로에게 많이 해 주면 좋겠습니다. 책 속에서 찾은 문장이든, 신문에서 읽은 구절이든, 좋은 문장을 마음속에 모아 두는 거예요. 자신에게 친절하게 대하는 것은 거창하지 않아요. 가뜩이나 나쁜 말들이 많이 떠도는 요즘, 나라도 나에게 좋은 말을 의식적으로 들려주도록 해요. 몸을 위해 건강한 것들을 챙겨 먹듯이 마음을 위해서 친절한 말들을 새기면 우리 존재가 더 단단해집니다.

2. 자기 돌봄, 자기 사랑

직장인으로, 가족으로 해야 할 역할들을 해 나가다 보면 누구나 지칩니다. 소속된 집단의 문화에 맞추다 보면 자신의 개성이나 생각은 무시당하기 일쑤고요. 이럴 때 할 수 있는 가장 큰 저항이 자기 돌봄과 자기 사랑입니다. 사회가 아무리 내게 무거운 짐을 지워도, 정성껏 나를 위해 좋은 것들을 해 주는 거예요. 좋아하는 일들의 목록을 만들어서 그걸 해 주세요. 맛있는 음식을 직접 해서 스스로를 먹이고, 좋은 풍경 앞으로 나를 데려가고, 힘들 땐 나를 쉬게 하고, 계절을 닮은 음악을 나에게 들려주고, 조용한 카페에 나를 앉히고 고요한 시간을 보낼 수 있게 해 주세요.

나를 돌보고 나를 사랑하는 일을 가장 중요한 일로 삼아 주세요. 나까지 나를 함부로 대하면 안 되잖아요. 비교하거나 비난하거나 다그치지 말고 더 큰 성취를 위해 자신을 혹사시키지 말아요. 자기를 관리하는 것과 자기를 돌보고 사랑하는 것은 다릅니다. 아무것도 하지 않아도 지금 그대로 충분하다고 생각하는 것이 돌봄이고 사랑입니다.

3. 지지자 모임 만들기

무슨 말을 해도 안전한 자리를 만듭니다. 두 명도 좋고 그 이상이어도 좋습니다. 나와 생각의 결이 같은 사람들로 이루어진 모임을 찾아가거나 만드세요. 책을 읽고 토론하는 모임도 좋고 글쓰기 모임도 좋아요. 저도 얼마 전까지 글쓰기 모임을 했습니다. 금요일 저녁이면 몇 사람이 모여서 각자 써 온 글을 돌아가면서 읽고 수다 떨 듯 편하게 이야기를 나누는 모임이었어요. 다들 글 쓰는 게 어렵다고 하소연하면서도 안 써 오는 사람 없이 자기 이야기를 써 왔어요. 우리 모임의 원칙은 글에 대한 평가를 하지 않는다는 거였어요. 남에게 말하지 못한 내면의 상처나 부끄러운 경험 등 무엇을 꺼내도 고개를 끄덕여 주고 지지해 주고 힘을 주고받았습니다. 서로에게 안전한 듣기 공동체가 되어 주었던 거지요. 자신의 취약함을 그대로 드러낼 수 있는 공간에 잠시 함께하면서 살아갈 용기를 선물처럼 나누었습니다.

글을 쓰고 읽고 들려주는 순간에는 대출을 갚아야 하는 현실을 잊을 수 있었고, 어느덧 자신이 멋지게 느껴진다는 고백도 오갔습니다. 살면서 겪은 고통을 솔직하게 드러내면서 치유의 힘을 얻을 수도 있었습니다. 남과의 비교와 경쟁에 지친 우리가 자신을 증명하려고 애쓰지 않아도 되는 자리였다는 점이 무엇보다 소중했습니다. 어떤 말을 해도 주눅 들지 않고, 집으로 돌아와 했던 말을 복기하며 후회하는 일도 없는, 그런 모임이 여러분에게도 꼭 하나 있으면 좋겠습니다.

4. 아무도 모르는 감정 노트 만들기

마음에 수없이 많은 감정이 떴다가 지는데 감정을 표현할 언어는 쉽게 떠오르지 않습니다. 인터넷에서 감정 표현을 검색해 보시거나 감정 카드를 구입해 보세요. 정말 많은 감정의 표현들이 있습니다. 텁텁하다, 깔쌈하다, 근심스럽다, 멍하다, 마뜩잖다, 평온하다, 짜릿하다, 허전하다, 지루하다, 홀가분하다, 서글프다, 신비롭다, 쓸쓸하다…… 일상에서 자주 쓰지 않는 감정 표현들이 정말 많답니다. 이럴 때 이런 표현을 하면 되겠구나 연습을 하는 거지요. 이렇게 감정 공부를 하는 겁니다. 내 마음에 비치는 감정을 잘 읽고 표현해 주는 거지요. 참고 억누르면 마음속 감정이 해소되지 않은 채 묻힙니다. 알아차리고 표현해 보면 불편하고 힘든 감정을 더 수월하게 다룰 수 있고, 좋은 감정은 더 돋울 수 있습니다. 감정 카드를 곁에 두고 자주 보세요. 노트 하나 정해서 감정 일기도 써 보세요. 특히 남성들은 자기 감정을 표현하지 않는 데 익숙해져 있을 거예요. 그만큼 표현하기가 힘들 거고요.

저희 둘째가 자취방을 구해 이사를 나가던 날, 저는 괜찮았는데 남편은 몹시 허전해했습니다. 나중에 보니 소셜미디어 계정에 그때의 허전함을 자세하게 써 두었더라고요. 게시글을 쓰면서 남편도 자기 감정을 돌봤겠죠? 아무도 안 보는 노트에는 안전하게 감정을 드러낼 수 있습니다. 꼭 써 보시면 좋겠어요. 여러분 안에 있는 외로움, 쓸쓸함, 두려움, 불안, 막막함 등의 감정들은 그냥 흘려보낼 것이 아니라 가만히 들여다보면 좋을 여러분의 소중한 부분입니다. 이걸 찾는 과정이 자신을 온전하게 채우는 길입니다.

5. 일부러 해 보기

평상시에 '여자가 하는 일이라서', '남자가 하는 일이라서', '아이들이 하는 일이라서' 잘 하지 않았던 일들을 찾아서 일부러 해 봐요.

- 핑크빛이나 연노란 티셔츠 입어 보기
- 아이들과 공기놀이해 보기
- 엄마나 아빠와 단둘이 카페 가서 수다 떨기
- 아내나 남편에게 그림책 읽어 주기
- 귀여운 동물이나 꽃이 그려진 티셔츠 입고 쇼핑 가기
- 혼자 영화 보기
- 손빨래하기
- 재래시장에서 파나 마늘 사 와서 손질해 냉장고에 넣기
- 앞머리 묶고 세수하기
- 마사지크림으로 얼굴 마사지하기
- 아버지나 형제에게 손편지 보내기

- 꽃 사서 화병에 꽂기

- 색칠놀이하기

- 곰인형 껴안고 낮잠 자기

- 이쁜 편지지 사서 시 옮겨 쓰기

- 예쁜 카페 가서 케이크 먹기, 먹기 전에 사진 찍어 자랑하기

- 혼자서 스티커 사진 찍기

- 하이틴 로맨스 쌓아 놓고 읽기

- 슬픈 영화 골라서 울면서 보기

- 구멍난 양말 꿰매기

- 뜨개질 배워 보기

- 요리 프로그램 보고 한 가지 따라 해 보기

- 나만의 레시피 써 보기

- 혼자 요리해서 사람들 초대하기

- 아이들 학부모 총회에 가기

- 성폭력 예방교육 제일 앞에서 필기하면서 듣기

- 발라드 노래 한 곡 다 외워 부르기

- 친구에게 고민 이야기하기

- 실패했던 일만 써 보기

지금까지 살면서 하지 않은 일들을 해 봅시다. 여러분 안에 잠들어 있는 감성이 파릇하게 돋아날 거예요.

6. 존재의 공간, 존재의 테이블 만들기

고요하게 들어앉아 자기만의 시간을 보낼 수 있는 공간 하나는 꾸며 놓도록 해요. 방이라면 좋겠지만, 거실 한쪽에라도 앉아서 읽고 쓸 수 있는 테이블을 두면 좋겠어요.

가끔 새벽에 또닥또닥 자판기 두드리는 소리에 깰 때가 있습니다. 가만히 누워서 듣습니다. 남편이 무엇을 쓰고 있을까? 어떤 문장을 뿌려 놓고 있을까? 혼자 상상하다 보면 남편의 이야기가 자판기 두드리는 소리에 실려 노래처럼 들려옵니다. 이내 '다행이다'라는 안도가 마음속에 퍼집니다. 쓰고 싶은 이야기를 품고 있고 자기만의 자리에서 이야기를 꺼낼 수 있으니, '마음에 아주 골 깊은 주름은 없겠구나' 하는 안도입니다. 힘들 때, 외로울 때, 불안에 휩싸일 때 바깥으로 도는 대신, 몸에 해로운 것들에 의탁하는 대신, 자기만의 테이블에 앉아서 고요히 마음을 들여다보세요. 눈을 감고 숨을 길게 내쉬세요. 그럴 수 있는 공간이 여러분에게 필요합니다.

성적 욕망은
다양한 얼굴을 하고 있다

일요일 아침 글을 쓰기 위해 사무실로 나서려는데 잠이 덜 깬 채 누워 있는 남편이 말합니다.

"이따가 나도 당신 사무실에 책 읽으러 나갈게."

"왜 굳이 사무실에 나와서 책을 읽어?"

"내가 나가야 사무실 청소라도 해 주지."

"그럼 그러든가."

혼자 있고 싶었던 좀 전의 마음이 금방 사라집니다. 남편의 얼굴이 섹시해 보이는 순간이기도 하고요. 차려입은 옷 벗기가 귀찮아서 "요즘 당신 얼굴 너무 맑아졌어" 하고 얼굴 한 번 쓸어 주고 그냥 나왔는데, 이럴 땐 정말 남편을 꽉 끌어안고 싶어집니다.

아이들이 독립해 나가고 우리 부부 둘만 지낸 지 4년입니다. 아이들의 독립과 동시에 저도 '해방선언'을 했어요. 집안일에서의 해방이요. 매일 밥을 하고 청소기를 밀고 정리하는 일을 남편이 맡기로 했습니다. 저녁에 일을 끝내고 집에 들어갔을 때 된장찌개 냄새가 먼저 달려 나오고 압력솥 칙칙거리는 소리와 함께 남편의 반기는 목소리가 들려오면, 그 순간이 참 좋더군요. 남편이 차려 주는 밥을 한 숟가락 떠서 입에 넣으면 삼켜지는 것은 사랑받는 느낌, 소중한 사람이 된 기쁨입니다.

싱크대에서 설거지하는 널찍한 등, 무를 썰고 있다가 내 입에 한 조각 물려 주는 두툼하고 거친 손, 청소기를 밀면서 바닥에 있는 것들을 툭툭 밀쳐 내는 발. 요즘 남편의 몸은 섹시합니다. 밥 먹다가도 눈빛이 찌릿 통하면 상부터 밀어내던 신혼 때보다 더 자주 안습니다. 마주 보고 누우면 물컹하게 흘러내린 서로의 뱃살이 바닥에서 부딪히는 늙은 우리의 몸이 좋습니다. 남편은 자다가도 몇 번씩 제 얼굴을 쓰다듬어 주는데 그 손길이 여전히 조심스럽습니다. 작은 힘을 모아 제 몸을 지그시 만져 주는 손길을 느끼며 새벽 잠을 깨면 '이게 행복하다는 감각이겠구나!' 느낍니다.

중년 이후 남성을 겨냥하는 광고들은 여전히 강해져야 한다는 메시지를 담고 있습니다. 오래 지속되는 강한 힘을 보유하려면 이런 약을 먹어야 하고 저런 시술이 도움이 된다는 의료

담론들은 여전히 남성의 섹시함을 성기의 능력에만 두고 있습니다.

겪어 보니 남편의 섹시함은 돌봄노동을 수행하는 일상에서 계속 갱신되는 것이더군요. 허리에 강함이 아니라 앞치마를 두를 때 남편이 더 섹시합니다. 집안일은 자기 몸 돌보기의 일환이기도 하고, 함께 살고 있는 이들을 더불어 챙기는 다정한 마음의 행위이기도 합니다. 돌봄노동 역시 마찬가지입니다. 가사노동과 돌봄 행위는 다른 존재를 사랑하는 구체적인 일이거든요. 이제 섹스가 침대라는 진공의 공간에서 힘센 남자가 자기 성기로 주도하는 욕망 분출의 장이라는 생각은 덜어 내셨을 거예요. 네, 섹스는 슬픔과 기쁨, 서글픔, 후회 등 셀 수 없이 많은 감정을 품고서 살아 가는 존재들이 서로 존중하고 배려하는 일상의 태도를 품고 실천하는 가운데 맨몸과 마음으로 서로 포개어지는 일입니다.

수십 년의 시간을 같이 보낸 늙은 두 사람이 이불 속에서 거친 발꿈치까지 연민으로 비벼 주는 장면을 섹시하다고 표현하면 과장된 것일까요? 얼마 전 이명수 작가의 페이스북에서 참 따뜻한 글을 읽었습니다. 새벽에 일찍 일어나 마른 옷을 개키다가 느낀 단상을 쓴 글인데요, 일부분을 인용해 봅니다.

전날 건조해 놓은 빨래를 개키다 그녀의 속옷에서 세월에

울컥할 때도 있고 정반대의 야릇한 상상으로 번질 때도 있다. 레이스 달린 속옷 없고 야한 옷도 없지만 상상은 널을 뛴다. 그러다 시간의 흔적이 완연한 옷을 만나면 잠시 멈춘다. (중략) 세월이 느껴지는 연인의 속옷에서 몸이 다는 느낌이 들 수도 있다고? 그게 의아하다면 하수다. 식스팩에 티팬티만 섹시하다고 느낀다면 아직 덜 익어서 그렇다(고 나는 생각한다). 때론 세월도, 다정도 섹시하다.

이명수 작가 페이스북에서

　이명수 작가의 말에 깊이 공감되는 것을 보니 저도 좀 익은 사람인가 봅니다. '몸이 단다'는 표현에는 연인이 살아온 삶에 대한 존경과, 여전히 곁을 지켜 주고 있다는 다행스러움, 거친 세상을 같이 헤쳐 가고 있다는 든든함, 살을 따사롭게 어루만질 수 있다는 고마움이 모두 담겨 있지요. 이것이 성적 욕망이 아니라면 도대체 성적 욕망은 무엇으로 표현할 수 있을까요? 성적 욕망은 단순히 호르몬이나 상대의 성적 매력에 영향받지 않아요. 그보다 더 복잡한 삶의 맥락과 촘촘하게 연결되어 있고, 함께한 시간과 일상의 밀도에 영향을 받지요. 성적 욕망은 어느 순간 끓어오르는 충동만이 아니라 농도를 더해 가는 관계의 깊이가 만들어 내기도 합니다.

　더없이 아름다운 몸을 가진 젊은 사람들의 열정적인 성관계보다 저는 늘어진 뱃살과 주름진 손등, 거칠거칠한 손가락, 갈라진 발꿈치가 어우러진 몸의 향연을 더 깊고 그윽하게 느낍니다. 섹스하는 중년, 섹스하는 노년의 일상 이야기가 여기저기서 많이 들리면 좋겠습니다. 유럽에서 호텔 휴양을 즐기는 서양 중년 커플의 섹스만이 아니라, 별것 없는 살림살이에도 서로를 탓하지 않고 살갑게 대하는 한국 노인 부부의 섹스도 똑같이 자연스럽고 멋지게 여겨졌으면 좋겠습니다. 그러려면 섹스가 대중매체의 고정된 이미지로 갇혀 있지 않도록 섹스의 다양성이 터져 나와야 해요.

50대가 됐지만, 저는 여전히 남편과 함께 이루고픈 성적 장면들이 있습니다. 제 머릿속에 판타지로 자리잡은 성적 욕망의 일면을 나눠 봅니다.

스토너는 의자에 널브러지거나 침대에 누운 자세로 역시 그녀처럼 공부에 몰두했다. 그러다가 가끔 두 사람은 시선을 들어 서로를 향해 빙긋 웃은 뒤 다시 읽던 자료로 눈을 돌렸다. 때로 스토너가 책을 읽다가 눈을 들어 항상 머리카락이 덩굴손처럼 덮고 있는 그녀의 가느다란 목과 우아한 곡선을 그린 등을 지긋이 바라볼 때도 있었다. 그러다가 느긋한 욕망이 천천히 차분하게 솟아나면 그는 자리에서 일어나 그녀의 등 뒤에 서서 어깨에 가볍게 팔을 올렸다. 그러

면 그녀는 등을 똑바로 펴면서 고개를 젖혀 그의 가슴에 기
댔다. 그의 양손이 헐렁한 로브 속으로 들어가 그녀의 젖가
슴을 부드럽게 만졌다. 그렇게 사랑을 나누고 난 뒤 두 사람
은 한동안 조용히 누워 있다가 다시 공부를 시작했다. 두 사
람의 사랑과 공부가 마치 하나의 과정인 것 같았다.

존 윌리엄스, 《스토너》에서

　몇 번을 읽어도 여전히 마음이 울렁이는 소설 《스토너》의
일부분입니다. 이제껏 읽은 책 모두를 통틀어 가장 야하게 여
기는 장면이지요. 남편과 침대에 나란히 엎드린 저녁이면 스
토너의 이 장면을 구현해 보고 싶어지는데, 남편이 책이 아니
라 넷플릭스를 보고 있어서 흥이 깨지기도 하고 책 한 장 읽으
면 비몽사몽 잠결에 드는 제 습성 탓에 실행에 옮긴 적이 없습
니다. 언젠가는 남편과 꼭 하고 싶습니다. 같이 엎드려 책 읽다
가 섹스하고 다시 나란히 책을 읽다가 잠이 드는 일 말입니다.

섹스리스 부부가
왜 문제인가

흔히 '섹스리스'라는 표현을 불화하는 부부의 상징처럼 씁니다. 전문가들에 따르면 보통 섹스 횟수가 한 달에 한 번 이하, 또는 1년에 열 번 이하면 섹스리스라고 합니다. 저는 섹스를 하지 않는 것이 부부 관계의 문제라고 단정하지 않으려 합니다. 섹스를 하지 않아도 서로 불만이 없고 일상의 관계 또한 친밀하다면 문제가 되지 않지요. 횟수를 기준으로 판단하는 것은 관계의 다양성을 인정하지 않는 폭력적인 담론이라고 생각합니다.

부부관계도 다양한 주기를 거칩니다. 신혼은 관계의 질을 포함해 횟수까지도 충분한 경험의 시기겠지요. 아이가 태어나면 섹스를 편하게 즐길 만한 몸과 마음의 상태가 아닐 경우가 많습니다. 육아로 몸에 피로가 누적되고 시간 빈곤에 시달리기가 일상일 테니까요. 며칠 깨지 않고 잠자는 것이 소원이라고 할 정도로 쪽잠을 이어 가는 시기에 섹스까지 하기는 어려운 게 당연합니다. 육아에 적응이 되고 아이도 각자의 방으로 독립해 나가는 시기에는 부부관계도 다시 불붙게 됩니다. 남편도 아내도 세월을 거치면서 더 나은 존재로 성장해 왔을 테고 서로 정도 깊어져서 이제는 불룩 나온 배까지도 연민으로 끌어안게 되지요. 그렇게 중년이 되고 노년으로 건너가면서 부부관계는 둘이 만들어 내는 문화로서 서로를 묶어 주게 됩니다. 인생의 어느 시기에 섹스의 횟수가 줄었다고 해서 섹스리스 부부로 명명하고 마치 심각한 문제라도 있는 양 다루지 않았으면 합니다.

문제는 섹스의 질이고 일상의 관계입니다. '장어 꼬리를 먹고도 5분 만에 끝내는 남편과 한숨 쉬는 아내'가 여전히 블랙 유머의 소재로 쓰이는 현실입니다. 그런데 생각해 봅시다. 섹스를 5분 만에 끝낸다는 의미가 뭔가요? 정성 어린 쓰다듬과 입맞춤이 있었던 섹스에 과연 "5분 만에"라는 강조와 한숨이 뒤따를까요? 5분 만에 끝내는 남편은 무능력한 게 아니라 배려 없는 이기적인 사람인 거지요. 부부 사이에 문제가 있는지 없는지는 섹스의 횟수가 아니라 일상의 다양한 장에서 서로를 얼마나 아끼고 배려하는지가 기준이 되어야 합니다.

켄트 하루프의 소설 《밤에 우리 영혼은》은 에디(여성)와 루이스(남성)라는 두 노인의 이야기입니다. 둘은 각자 홀로 살고 있는 동네 이웃이었어요. 잠 못 이루는 밤에 혼자서 뒤척이는 게 두려워진 에디가 용기를 내 루이스에게 제안을 합니다. 밤을 함께 보내자고요. 섹스를 하자는 게 아니라는 전제를 분명히 하고 말입니다. 침대에 함께 누워 두런두런 이야기를 나누다 곁에 있는 사람의 숨소리를 느끼면서 잠이 들고 싶다는 거였어요. 아무한테나 제안을 했던 것은 아니지요. 루이스는 좋은 사람 같았고, 이 사람이라면 침대에 누워 서로에 대해 알아가는 일이 즐거울 것 같았습니다.

"카니[에디의 아들]를 보내고 1년간은 부부관계가 중단됐죠. 칼[에디의 남편]이 아무런 흥미가 없었어요. 그러다 다시 시작했지만 별로였어요. 사랑의 감정 없는 육체관계일 뿐이었으니까요. 그런 식으로 1년쯤 지난 후엔 그마저도 완전히 끝이 났고요."

"그게 언제였어요?"

"그가 떠나기 10년 전요."

"그게 그립던가요?"

"물론이에요. 하지만 친밀감의 상실이 더욱 아쉬웠어요. 전혀 가깝지 않은 사이가 돼 버렸으니까요. 서로 따뜻하게, 공

식적으로는 유쾌하고 정중하게 대했지만, 겉치레일 뿐이었
어요."

켄트 하루프,《밤에 우리 영혼은》에서

에디와 루이스는 밤을 함께 보냅니다. 서로의 이야기를 쌓
아 가면서 가까워집니다. 동네 사람들은 둘을 보며 늙어서 섹
스하는 사이라고 조롱하지만 두 사람은 당당합니다. 평생 의
식하고 살아온 남의 눈에서 벗어나 이제는 자신이 원하는 대
로 관계를 맺겠다고 다짐하지요.

밤이 되면 각자가 좋아하는 와인과 맥주를 마시고 정성껏
양치를 하고 잠옷을 입고 한 침대에 나란히 눕는 두 사람. 그렇
게 시간을 보내는 일은 섹스 이상의 친밀함 자체지요. 솔직하
게 벗은 마음으로 겹쳐지며 생성되는 친밀함은 더 잘 살고 싶
은 욕망으로 이어집니다.

섹스보다 더 섹시한 것은 시간이 지날수록 두텁게 쌓여 가
는 친밀함이 아닐까 합니다. 그러니까 횟수가 적은 부부관계
를 걱정할 것이 아니라 농밀한 관계를 위해 시간과 정성을 더
이상 들이지 않는 부부의 관계를 걱정해야 하지요. 정말 그리
운 것은 섹스가 아니랍니다.

성매매 안 하는
남자들

《성매매 안 하는 남자들》이라는 책이 있습니다. 이 책의 필자 열한 명은 모두 성매매 경험이 없습니다. 성매매를 한 번도 하지 않은 남성들의 목소리를 모은 최초의 책이 아닐까 해요. 반가운 목소리의 출현입니다.

큰아이 고등학교 윤리 선생님이 수업시간에 성매매를 하지 않는 남자는 한 명도 없을 거라고 말했다는 얘기를 듣고 화가 많이 났었습니다. 분명히 고등학교 교사가 교실에서 할 얘기가 아닙니다. 그런데 사실 이런 말, 너무 흔해서 놀랍지도 않습니다. 남성의 성욕은 참을 수 없는 생물학적 본능이라 반드시 풀어 줘야 한다는 말도 마찬가지입니다. 성매매는 세상 가장 오래된 직업이고, 없어지지 않을 거고, 성매매가 사라지면 성폭력이 늘 거라는 말도 너나없이 하고 있는 현실입니다. 사업하려면 어쩔 수 없고, 바람 피우는 것도 아닌데 이해해 줄 수 있다고 자조하는 여성들도 있고, 애인의 순결을 지켜 주고 싶어서 결혼 전까지는 성매매 여성과 성관계를 한다는 남성들도 있습니다.

남자들은 모두 성매매를 하고 있다는 신화와 같은 말들, 땅끝마을 작은 동네에서도 성매매 업소를 보게 되는 현실, 암암리에 2차 성매매가 주선되는 주점들과 각종 룸들을 마주하다 보면 낙담하게 됩니다. 정말 어쩔 수 없는 문화인가? 거대한 성산업을 우리 힘으로는 해체할 수 없는 건가?

세상 가장 오래된 직업이라도 여성의 몸을 폭력적으로 거래하는 일이라면 없어져야 합니다. 남녀 불문하고 인간의 성욕은 본능이지요. 남성의 성욕은 여성의 몸을 사서라도 배설해야 한다는 말은 가부장제 사회가 승인하고 부추긴 문화일 뿐입니다.

군대 가기 전 '총각딱지' 뗴 준다고 성매매 업소에 데려가는 문화, 접대를 위해 '2차' 가는 것을 당연하게 여기는 문화 등 성매매 경험을 공유하면서 공고해지는 남성문화도 부정할 수 없는 사실이지만, 성매매를 폭력으로 인식하고 단호하게 거부하는 남성들도 분명 있을 겁니다.《성매매 안 하는 남자들》의 필자들처럼, 성매매 안 하는 남자 없다는 말에 "여기 있잖아요"하며 근거가 되어 주는 남자들도 분명 있습니다. 그러니, '다른 남성'이 되고 싶다면 남성들과의 스몰토크 자리에서 "성매매, 난 안 하는데?"라고 당당하게 말해 주세요. 친구들이 함께 업소에 가자고 할 때, 골프 여행 가자고 할 때 안 가겠다고 단호하게 말해 주세요. 성매매 안 하는 남자들의 목소리가 성매매를 당연하게 여기는 남자들의 목소리보다 더 자주 더 크게 들리면 좋겠습니다.

성매매 예방교육에 가면 저항이 만만찮게 나옵니다. 가장 많이 나오는 의견은 쉽게 돈 벌려고 몸 파는 여자들이 문제 아니냐는 겁니다. 낯선 사람하고 위험을 감수하고 하는 섹스가 과연 쉬울까요? 성매매 경험 당사자가 쓴 책《무한발설》에는 "(성매매 업소에서) 벌어지는 상황과 폭력의 가짓수는 무한하다. 그들은 사람을 함부로 대하러 이곳에 온다"는 표현이 나옵니다. 콘돔도 쓰지 않는 남자(성매매 여성들의 말에 따르면 한국 남자들은 정말 콘돔을 쓰기 싫어한답니다), 폭력을 휘두르고 자신의 남성성을 과시하려 함부로 말하는 남자와 하는 섹스가 쉽겠습니까? 우리는 성매매 경험 당사자들의 이야기를 들어 본 적이 없잖아요. 당신이 만난 여자는 적극적이었고 즐기는 듯 보였다고요? 당연한 거 아닐까요? 적극적으로 하지 않으면 구매자와 업주의 폭력에 시달리고, 구매자에게 선택받지 못하면 수입이 없게 되고 빚이 늘어날 텐데, 열심히 안 할 도리 있을까요?

일은 여성이 하는데 돈은 누가 가져갈까요? 성매매는 결코 개인 대 개인의 거래가 아닙니다. 성매매 여성 뒤에는 산업이 있습니다. 돈을 받는 업소 주인이 있고, 이자를 떼 가는 대출업자가 있고, 성형수술을 권하는 의사들이 포진해 있습니다. 당사자 수기집 한 권만 읽어 봐도 돈을 버는 여성은 소수일 뿐이라는 사실을 확인할 수 있습니다.

> 손님이 지불하는 돈 18만 원에서 우리 몫은 8만 원이다. 손님을 열한 명 받았으니까 88만 원. 열두 시간 일해서 88만 원이면 큰돈이다. 그런데 언니들이나 나는 그 돈이 없다. 여기저기 사채 하는 사람들한테 입금을 해야 하기 때문이다. 5만 원이 남았다. 종일 해서 번 돈이 5만 원, 눈물 난다. 힘이 빠지고 밥맛도 없다. 살이 쭉쭉 빠진다.
>
> **성매매경험당사자네트워크 뭉치, 《무한발설》에서**

성매매 여성들은 많은 경우 치아가 엉망입니다. 이를 악물고 있을 때가 많아서 그렇습니다. 견디기 어려운 모멸 앞에서 인간은 이부터 악문다고 합니다. 성매매 여성들에게서 제가 직접 들은 이야기입니다. 지금은 도시재생공간으로 탈바꿈한 전주의 선미촌에서요. 2018년 그곳으로 견학을 간 적이 있습니다. 유리방이 그대로 보존되어 있는 곳이죠. 성매매 여성들은 샤넬 구두라고 부르는, 굽이 50센티미터 되는 앞트임 신발을 신고 있었습니다. 멀리서도 잘 보이려고, 늘씬해 보이려고 그렇게 높은 신발을 신는다고 합니다. 그들 다리에는 대부분 화상 흉터가 있었습니다. 유리방이 추우니까 중간에 난로를 두는데 손님을 맞아 방으로 들어갈 때 난로 옆에서 삐끗하는 경우가 많대요. 그래서 다리를 덴다고요.

이런 이야기는 듣지 못했잖아요. 쉽게 돈 번다는 이야기는 누구의 이야기인가요. 성매매 경험 당사자의 현실을 조금이라도 안다면 절대 하지 못할 말이라고 생각합니다.

성매매는 불법이고 범죄이기도 하지만 성차별적인 사회에서 여성의 몸을 상품으로 거래하는 젠더폭력(계기나 이유가 성별에 있는 폭력)이기 때문에, 인권의 문제이기 때문에 사라져야 하는 것입니다. 성매매 여성에게 가해지는 낙인이 강력한 사회에서 어떻게 성매매가 여성의 온전한 선택일 수 있을까요.

가난했다면, 당장 해결해야 할 절박한 경제적 사정으로 돈벌이가 시급했다면, 대학을 가지 못했고 기술이나 경험이 없어서 다른 선택지가 없었다면 저도 성매매를 했을 가능성이 있습니다. 성매매가 이루어지는 사회에서 사는 여성이라면 누구에게든 열려 있는 가능성입니다.

우리나라는 여성에 대한 사회적 차별이 엄연히 존재하는 나라입니다. 1996년 경제협력개발기구(OECD) 가입 이래, 회원국 중 성별 임금 격차가 가장 큰 나라라는 오명을 30년 가까이 벗어나지 못하고 있지요. 33개 회원국의 2021년 성별 임금 격차를 보면 우리나라는 31.1퍼센트로 임금 격차가 가장 큰 나라였습니다. 2022년 여성가족부가 발표한 자료에 따르면 여성 임금노동자 중 비정규직은 47.4퍼센트, 남성 임금노동자 중 비정규직은 31퍼센트입니다. 여성 노동자의 고용 불안정성이 더 크죠. 또한 우리나라는 영국 경제지 〈이코노미스트〉가 매해 발표하는 유리천장지수(직장 내 여성 차별을 평가하는 지수)에서 11년째 압도적인 점수차로 29개국 중 꼴찌를 기록하고 있습니다. 성차별이 계속되는 한 성매매는 개인의 선택이 아니라 사회구조의 문제입니다.

성매매 당사자의 경험이 담긴 책

○ 레이첼 모랜, 《페이드 포》, 안홍사, 2019

○ 봄날, 《길 하나 건너면 벼랑 끝》, 반비, 2019

○ 성매매경험당사자네트워크 뭉치, 《무한발설》, 봄알람, 2021

포르노와 자위

포르노는 배우들이 성적인 시나리오를 두고 연기한 영상을 이르는 말입니다. 우리나라는 포르노 제작이 불법입니다. 형법에 음란물 제작을 처벌하는 기준을 명시해 두고 있지요. 성교육이 부재한 사회에서 포르노는 성에 대한 인식을 견고하게 하는 데 영향을 미치는 대표적인 텍스트입니다. 성인 남성 및 청소년에게 포르노 시청 경험은 아주 일상적이라고 해도 과언이 아닙니다.

포르노가 단순히 '19금', '야한 영상'이 아니라는 정도는 알고 계실 겁니다. 자극적이고 폭력적인 장면들이 많은데 그럼에도 별 문제의식 없이 그저 거친 섹스로만 소비되고 있는 것이 현실입니다. 강조합니다. 포르노는 심각한 문제를 가지고 있는 유해 콘텐츠입니다. 포르노의 가장 큰 문제는 남성은 성적 주체로, 여성은 성적 대상으로 묘사된다는 데 있습니다. 포르노에서 여성은 '암캐'나 '걸레'로 불리고, 남성은 그런 여성을 응징하는 수단으로 강간을 일삼습니다. 여성의 목을 조르고 얼굴에 정액을 뿌리고 가학적인 행위를 하는 장면들이 흔합니다. 이야기를 나누고 상대의 의견을 물으면서 사랑을 나누는 장면은 없습니다.

포르노는 주 시청자를 남성으로 삼습니다. 남성의 욕망을 자극하기 위한 재현을 합니다. 그러므로 남성이 섹스를 주도하는 역할을 맡고 그런 남성이 여성을 자기 통제하에 두는 장면이 많습니다. 이는 성차별적인 사회문화를 반영한 결과이기도 합니다. 포르노에서 여성을 지배하고 통제하는 남성은 다시 현실의 남성성을 강화합니다.

여성을 폭력적으로 대하는 영상을 본 남성이 현실에서 만나는 여성을 동료 시민으로 존중할 수 있을까요? 영상이 미치는 영향력은 강력합니다. 포르노에서는 강간을 당하는 여성이 처음에는 거부하다가 점차 강간을 갈구하는 모습이 그려집니다. 이런 장면을 본 남성이 '여성들은 저런 거친 성관계를 좋아한다'는 생각을 가질 수 있는 거지요. 우리 사회는 성폭력이 심각하며, 앞서 살펴봤듯 성폭력 가해자의 주 성별은 남성입니다.

포르노의 또 다른 문제는 인간의 신체가 왜곡되어 등장한다는 겁니다. 남성의 성기는 엄청나게 크고, 사정할 때 분출되는 정액의 양도 실제와 다릅니다. 연출을 위해 가짜 정액을 쓰기도 합니다. 남성들이 성기 크기에 집착하는 것도 포르노의 영향일 가능성이 큽니다. 큰 성기에 환호하는 여성들이 포르노에 자주 등장하니까요. 여성의 몸도 마찬가지입니다. 분홍빛 피부, 축소술을 받은 소음순, 왁싱을 거친 체모까지 포르노에 나오는 여성의 성기가 마치 매력적인 여성의 표준인 것처럼 소비됩니다.

포르노에서 연출되는 섹스에는 전희 과정이 없습니다. 준비되지 않은 상태에서 삽입 섹스를 하면 고통스럽고 상처도 생기는 게 현실인데, 포르노에서는 과장된 쾌감을 보여 주죠. 심지어는 콘돔도 없이 항문에 삽입했던 성기를 입이나 질 속으로 다시 넣는 장면도 나오는데, 현실에서라면 모욕적이고 위험천만한 일입니다.

청소년의 포르노 시청은 걱정하면서도 성인은 괜찮다고 여기는 분위기가 만연합니다. 청소년이든 성인이든, 여성이든 남성이든 폭력의 재현으로서의 포르노는 모두에게 나쁜 영향을 미칩니다. 남자친구가 포르노에서 본 장면을 같이 해 보자고 해서 고민이라는 질문은 제가 자주 받는 질문 중 하나입니다. "성인이니까 볼 수도 있지요", "영상은 영상일 뿐 너무 과하게 해석하지 말아요…….” 이런 말들로 방관할 수 있는 수준이 아닙니다. 폭력적인 성문화는 비판 없이 무분별하게 포르노를 시청해 온 사람들이 만들어 왔다는 것을 알아야 합니다.

군인들을 대상으로 하는 폭력 예방교육에서는 이런 이야기에 볼멘소리가 나오기도 했습니다. 군인들이 성욕을 해소할 창구가 있어야지, 포르노까지 못 보게 하면 성욕을 어떻게 해결해야 하냐고요. 성욕을 반드시 해소해야만 한다는 것도 남성 중심적인 고정관념일 수 있습니다. 또한 성욕의 해소가 꼭 여성의 몸을 시청해야만 가능한가요?

포르노를 보면서 자위하는 것이 보통의 일처럼 얘기되고 있습니다. 그만큼 우리에게 성적 상상력이 부재하다는 의미기도 합니다. 자위할 때 성적인 흥분을 위한 자극제가 필요하겠지요. 영상으로 본다면 더 빨리 쉽게 흥분에 오를 수 있겠고요. 영상을 보면서 자위하는 습관이 굳어지면 더 자극적인 영상을 통해 더 빨리 흥분하는 데 익숙해질 테고요. 실제 성관계를 할 때는 사정 순간을 조절해 나가는 능력도 필요한데 이런 능력이 마모될까 걱정이 되기도 합니다. 포르노를 보면서 자위하는 게 습관인 남성은 성기능장애의 발생 위험도가 높다는 뉴욕대학교 연구 결과도 있고요. 습관적인 포르노 시청과 자위 행위가 실제 섹스에 대한 무관심으로 이어질 수 있다는 거지요. 자위를 하는 데에는 아무런 문제를 겪지 않는 남성들이 실제 섹스에서는 심리적 발기부전을 일으킬 가능성이 있다고 합니다. 포르노에 더 일찍, 더 자주, 더 오래 노출될수록 실제 섹스 횟수가 줄었다는 우리나라 연구 결과도 있습니다. 부산백병원 비뇨의학과 민권식 교수가 우리나라 남녀 800명을 대상으로 시행한 연구입니다. 포르노를 많이 시청할수록 성중독과 발기부전 위험도가 높아졌다고 합니다.

자위 좋습니다. 타인에게 무해하고 나에게는 이로울 수 있도록 창의적인 방법들을 우선 찾아보세요. 포르노를 끄고 자위하는 습관을 들이면 좋겠습니다. 좋은 서사를 품고 있는 영화에도 섹스 장면이 있잖아요. 저는 스토리가 있는 장면이 더 야하던데요. 영화를 봐도 좋고, 문학작품을 읽어도 좋고요. 매력적인 사람과의 성관계를 상상할 수도 있겠고, 자신의 몸 구석구석을 천천히 만지면서 어디에 자극이 오는지 탐색해 나가며 성기를 손으로 자극해 보는 자위는 어떨까요? 성교육 강사인 구성애 푸른아우성 대표의 책 《아우성 빨간책: 남자 청소년편》에 보니 이런 자위를 '사랑 자위'라고 부르더라고요. 포르노에 의존하지 않고 천천히 자기 몸을 만져 가면서 사정의 순간을 조금씩 지연시키는 자위 방법이랍니다. 푸른아우성센터 남자 직원들과 청소년들이 사랑 자위를 실천해 봤더니 성적 만족감이 높게 나타났다고 합니다. 익숙해진 것을 바꾸어 갈 때 처음엔 어색하고 불편함이 따를 수 있어요. 그러나 그 변화가 윤리적으로 옳은 일이라면, 결과적으로 내 몸과 마음을 위한 일이라면 기꺼이 해 볼 수 있지 않을까요?

포르노 보는 습관을
바꾸는 법

또 하나 중요한 사실은 '국산야동'이라는 이름으로 유통되는 영상은 불법촬영물이거나 비동의 유포 영상이거나 성착취물이라는 점입니다. 보는 것 자체가 폭력에 가담하는 일입니다. 한국 사회의 디지털 성폭력 문제, 정말 심각합니다. 우리가 생각 없이 소비하는 영상들이 피해자를 만들어 내고 성폭력 구조 강화에 기여한다면 적극적으로 각성해야 합니다.

포르노를 본 이후의 감정에 대해서도 생각해 볼 필요가 있습니다. 과연 무엇을 얻으려 포르노를 보는가에 대해서 말입니다. 군에서 교육으로 만난 한 청년은 포르노를 보고 나면 기분이 찜찜해지는데도 자꾸 보고 싶어진다는 고민을 털어놨습니다. 처음에 포르노를 봤을 때는 신기하기도 하고 흥분되기도 했답니다. 호기심이 생겨서 다른 포르노를 찾아보고 친구들끼리 정보를 주고받으면서 새로운 영상을 찾아 다녔다고요. 포르노를 보면 자위를 꼭 했고 자위를 끝내고 나면 마음이 허전하고 죄책감 같은 것도 느꼈답니다. 자신은 여자들에게 친절한 남자이고 싶은데 포르노에 나오는 남자들이 여자들을 거칠게 대하는 장면을 보면 자신이 같은 부류의 남자가 된 것 같아서 아주 불쾌하다고요. 자신도 모르는 사이에 나쁜 남자가 되어 있을까 싶어서 '다음에는 안 봐야지' 하는 마음이 든대요.

지금과 같이 어린아이조차 포르노 시청이 쉬운 환경이라면 남성이든 여성이든 호기심이 있는 사람이 포르노를 찾아보지 않기란 무척 어렵습니다. 포르노의 폭력성에 젖어서 문제의식조차 느끼지 않는다면 그게 두려운 일이지요. 고민을 말한 청년은 죄책감과 불쾌감이 생기는 포르노를 자꾸만 보게 되는 자신을 어떻게 하면 좋겠냐고 물었습니다.

그럼 정확한 해결책을 줘야겠지요. 이 청년은 포르노의 폭력성을 정확하게 알고 있었고, 포르노가 끼치는 나쁜 영향을 경계했습니다. 그러니 이제 포르노를 보지 않을 단계적 실천이 필요한 때지요. 스스로 노력하는 과정은 필요합니다.

먼저 청년에게 어떤 때 포르노가 보고 싶은지 기록해 보라고 제안했어요. '심심할 때', '스트레스가 심할 때', '미래에 대한 불안감이 엄습해 올 때', '섹스가 하고 싶을 때' 등 포르노가 보고 싶다는 마음이 들었을 때의 상황을 써 보게 했어요.

그런 다음에는 포르노를 보는 선택 대신 자신이 즐겁게 할 수 있는 일을 찾아서 목록을 만들게 했답니다. 자신을 기쁘게 하는 일의 목록을 최대한 많이 찾아 놓은 후에 포르노를 보고 싶을 때마다 시도해 보는 거예요. 예를 들어 심심할 때 예전 같으면 포르노를 찾아봤겠지만 포르노 대신 영화를 본다거나 노래방에 간다든가 하는 다른 즐거운 일을 찾아 하는 거지요. 포르노를 보는 횟수가 조금씩 줄어드는 것을 확인하면 성취감이

포르노가 보고 싶을 때는 언제인가요?	포르노 대신 할 수 있는 일 찾기
심심할 때	동네 산책 나가기
친구들이 봤다고 서로 자랑할 때	재미있는 영화 찾아보기
자위하고 싶을 때	영상 없이 자위해 보기

생깁니다. '이렇게 줄여 갈 수 있구나' 하는 경험을 하면 스스로 통제할 수 있는 힘이 세집니다.

이런 노력에도 불구하고 포르노를 또 보게 될 수 있지요. 괜찮습니다. '또 봤네, 난 어쩔 수 없구나' 낙담할 필요 없습니다. 포르노를 보게 되었다면 보고 난 후의 느낌을 솔직하게 기록합니다. '불쾌했다', '찜찜했다', '나쁜 놈처럼 느껴졌다' 등 마음속에 찾아드는 감정을 표현하다 보면 그 기록들이 다음에 포르노를 보는 횟수를 줄일 수 있도록 도와줍니다.

포르노에서 재현되는 성행위 장면들이 얼마나 폭력적인지 분석하거나 남성의 시선에서 여성을 대상화하는 장면의 불편함을 읽어 내려고 노력해 보세요. 포르노를 비판적으로 볼 수

포르노 감정 일기 쓰기

포르노를 보고 난 뒤 마음속에 떠오르는 감정들을 솔직하게 써 보세요.

있는 관점을 갖추면 포르노에 빠져드는 자신을 통제할 수 있습니다. 좋은 습관은 의지를 가지고 쌓아 가면서, 나쁜 습관은 조금씩 통제해 가면서 우리는 성장을 위한 선택을 할 수 있습니다.

그건 교제폭력이다

섹스 파트너가 포르노에 나온 장면을 똑같이 재현하고 싶어해 고민이라는 학습자들을 종종 만난다고 했는데요, 그중 남자친구가 입에 사정하고 싶어 한다는 여성 학습자가 있었습니다. 자신은 불쾌한데 남자친구가 자꾸 요구한다고요. 그분에게 제가 해 줄 수 있는 말은 단호하게 불쾌하다고 말하라는 것이었습니다. 남자친구로서는 포르노에서 자주 보는 장면이라 현실의 여성들도 흔쾌히 받아들일 수 있다고 생각했겠지만, 동의가 없다면 폭력적인 행위입니다. 모멸감이 느껴지기도 하고요.

동의를 구하지 않은 채, 일방적으로 얼굴에 정액을 뿌리거나 입에 사정하는 행위는 다양한 성적 행위의 하나로 볼 일이 아닙니다. 여성에 대한 정복 욕구, 여성의 몸을 통제하려는 폭력입니다. 불쾌하다고 했는데도 계속 시도하고 조르거나 협박해서 행위를 받아들이게끔 한다면, 아무리 연인 사이라도 이는 명백한 교제 성폭력입니다. 섹스 중에 하는 모든 행위는 서로가 명백히 원하는 상태에서만 가능합니다. 하고 싶지 않은 것을 강요할 권리는 누구에게도 없습니다. 자기 욕망을 채우기 위한 행동을 일방적으로 해서는 안 됩니다. 아무리 친밀한 관계라고 하더라도 지켜야 할 윤리적 태도들이 분명히 있습니다.

교제하는 사이에서 일어나는 일을 폭력으로 인식하기는 매우 어렵습니다. 파트너가 "사랑하니까"라고 이유를 대면 '내가 너무 예민할 걸까' 자기 의심부터 하게 되는 게 현실입니다. 친구와 만나고 있는 중에도 계속되는 연락, "언제 집에 들어가냐", "왜 남자와 있는 거냐", "늦게까지 있지 마라" 같은 간섭, 전화를 받지 않으면 받을 때까지 수십 번씩 걸려 오는 전화도 나를 통제하는 일이죠. 통제는 사랑이 아닙니다. 섹스 중 삽입까지는 원하지 않았는데 사랑한다면 끝까지 책임져야 한다며 강행하는 행위, "나 아니면 누가 너를 만나 주겠냐, 나니까 너를 참아 준다"는 식의 가스라이팅은 모두 교제 관계에서 일어나는 폭력입니다. 폭력은 누적되고 강화됩니다. 작은 행동이라고 생각하더라도, 한 번 있었던 말이나 행동이더라도 불편했고 폭력으로 느껴진다면, 그 마음을 먼저 믿어 보세요.

'괜찮아지겠지, 시간이 지나면 나아질 거야, 나를 사랑해서 야.' 이런 말로 폭력적인 상황을 참지 마세요.

다음은 한국여성의전화가 제작한 안내서 《F언니의 두 번째 상담실》에 실려 있는 체크리스트입니다. 교제폭력인지 아닌지 판단하는 데 도움이 되길 바랍니다.

교제폭력일까 아닐까 체크리스트

○ 큰 소리로 호통을 친다.

○ 하루 종일 많은 양의 전화와 문자를 한다.

○ 통화내역이나 문자 등 휴대전화를 체크한다.

○ 옷차림이나 헤어스타일 등을 자기가 좋아하는 것으로 하게 한다.

○ 다른 사람들을 만나는 것을 싫어한다.

○ 날마다 만나자고 하거나 기다리지 말라는데도 기다린다.

○ 만날 때마다 스킨십이나 성관계를 요구한다.

○ 내 과거를 끈질기게 캐묻는다.

○ 헤어지면 죽어 버리겠다고 한다.

○ 둘이 있을 때는 폭력적이지만 다른 사람 앞에서는 태도가 달라진다.

○ 싸우다가 외진 길에 나를 버려 두고 간 적이 있다.

○ 문을 발로 차거나 물건을 던진다.

신혼부부와
예비부부를 위한 성교육

신혼부부와 예비부부를 위한 성교육을 종종 진행하고 있습니다. 토요일 오전, 쉬고 싶었을 그 시간에 사이좋게 손잡고 교육장에 들어서는 그들을 보면 제 입은 귀에 걸립니다. 너무나 사랑스러워서요. 우리 주변의 젊은 커플들이 이렇게 사랑하고 있습니다. 바깥의 세계에서 젠더 갈등이니 뭐니 아무리 모질게 떠들어도 제 눈에 보이는 젊은이들은 머리 맞대고 미래를 함께 준비하며 사랑을 나누고 있습니다. 함께 성교육 수업을 받으러 오는 이들이 있는 한 우리는 더 나은 방향으로 나아갈 거라고 믿게 됩니다.

부부 성교육은 제가 말에 더 힘을 줄 수 있는 주제입니다. 강의 때 해 주고 싶은 사랑의 이야기 25년 치가 쌓여 있거든요.

이걸 씨앗으로 품고 나가니 말에 든든한 힘이 실릴 수밖에요. 부부를 위한 성교육, 너무 신나는 주제입니다. 부부가 나누는 사랑의 구체적이고 다양한 모습들이 그 자체로 귀한 실천이고 의미 있는 사회운동이라고 생각합니다.

> "성공적인 결혼의 필수 요소는 뭘까요?" 질문을 받은 심시 선은 폭력성이나 비틀린 구석이 없는 상대와의 좋은 섹스 라고 답한다. 폭력적이지 않은 건 기본이 아니냐고 되묻자, 기본을 갖춘 사람이 오히려 드물다고 답한다.
>
> 정세랑, 《시선으로부터》에서

소설 속 심시선의 말처럼 '비틀린 구석이 없는 상대와의 좋은 섹스'는 부부 관계에서 중요한 부분입니다. 집을 사고 자식 교육에 공을 들이고 노후를 준비하는 것보다 더 먼저 이뤄야 할 일상의 과제이자 성취입니다. 좋은 섹스를 하기 위해서는 폭력성이 없는, 상대를 무해하게 대하고 존중하는 태도가 섹스 주체들의 몸에 배어 있어야 하는데요, 이는 정말 날마다의 실천이 누적되어야만 가능합니다.

격렬한 피스톤 운동, 몰아쉬는 숨, 마구 터져 나오는 신음, 과감한 체위. 섹스하면 자동으로 연상되는 장면들에 우리는 너무 익숙해져 있습니다. 이런 장면이 곧 섹스인 것처럼 고정

되어 있으니 섹스는 그저 부끄럽고 숨겨야 하는 은밀한 것이 되어 버립니다. 섹스 이야기는 꺼내 놓고 다룰 만한 주제에서 멀어질 수밖에 없습니다.

제가 신혼부부나 예비부부를 위한 성교육에서 전하고 싶은 선명한 메시지는 '서로를 덮어 주는 이불 같은 섹스'를 하라는 것입니다. 적당하게 무거워서 몸을 기분 좋게 눌러 주고 피부에 닿는 면이 부드러워 계속 덮고 싶은 이불 같은 섹스. 상상만으로도 따스해지지 않나요? 이를 위한 방법들을 소개하겠습니다.

좋은 관계와 좋은 섹스를
연결하는 연습

1. 몸에 대해 부끄러워하지 않는 연습을 해요.

자, 거울 앞에 서서 눈을 감아요. 그리고 머릿속에 모델로 서 있는 완벽한 이미지를 지워 버립니다. 다시 눈을 떠요. 거울 속에 비친 내 몸을 새로운 눈으로 봅니다. 기준은 없어요. 그냥 내 몸으로 받아들이는 연습을 합니다. 굳이 이쁘게 볼 필요 없어요. 꼭 이뻐야 하나요? 샤워하고 나오면 거울 앞에 벗은 채로 서서 바디로션을 천천히 바르면서 내 몸을 세심한 손길로 만져 줘요. 찬찬히 전달되는 부드러움이 몸에 새겨지도록 만져 줘요. 조금 긴 시간을 들여야 합니다. 내 몸에 대한 부끄러운 감정을 제거해 나가는 구체적인 노력이 필요해요.

2. 파트너에게 벗은 몸을 보이는 데 자신감을 가져요.

말처럼 되냐고요? 그게 어디 쉽냐고요? 어렵지요. 어려운데요, 이

거 누가 대신해 주나요? 누가 특별한 비법 알려 주나요? 아니요. 누구도 대신해 줄 수 없고 비법 또한 없습니다. 벗은 몸을 자신 있게 드러내요. 다리도 쩍 벌려 보고 어깨도 활짝 펼치고 누워 봐요. 뱃살을 만지고 가슴을 비비는 손길에 몸을 그냥 맡겨요. 입 냄새 나면 어쩌나 걱정하며 숨을 참지도 말고 자연스럽게 호흡해요. 섹스하는 중에 미디어의 완벽한 이미지가 둘 사이에 누워 있지 않도록 온전히 내 몸에 집중해요. 환한 불빛 아래서 벗은 몸으로 자유롭게 움직여 보세요. 반복해서 하다 보면 자연스러워집니다. 더는 부끄럽지 않게 됩니다. 자신만이 할 수 있는 일이에요.

3. 서로의 몸을 마사지해 주면서 대화를 나눠요.

마주 보고 앉아서 번갈아 가며 손이나 발 마사지를 해 줍니다. 부드러운 오일을 이용해서 손바닥과 손등, 팔꿈치 아래 팔까지 마사지를 해 줘요. 마사지를 받는 사람은 손가락으로 꾹꾹 눌러 줄 때가 좋은지, 손바닥 전체를 이용해서 문질러 줄 때가 좋은지, 오일을 많이 묻혀서 미끌거릴 때가 좋은지 충분한 피드백을 주세요. 마사지를 해 주는 사람은 상대의 의견을 적극적으로 반영해 주시는 거예요. 한 사람이 마사지를 끝냈으면 이번엔 마사지 받은 사람이 해 줍니다. 서로의 몸을 어루만지고 몸의 반응을 솔직하게 표현하는 연습은 섹스에 곧바로 도움이 됩니다. 섹스하는 중에 대화 나누는 게 어색한 커플이 먼저 시도해 볼 수 있는 방법이에요.

4. 공간을 바꿔 봅니다.

안전한 공간이 필요해요. 양육기의 부부에게는 절실하기도 하지요. 한창 커 가는 아이들이 있는 집에서는 마음 놓고 섹스하기 어렵지요. 아이들이 잠이 들었을까? 문 열고 들어오면 어떻게 하나? 소리가 새 나가면 안 되는데? 이런 걱정에 섹스에 온전하게 몰입하기 어렵습니다. 아이들이 학교 간 틈에 하면 좋겠지만 그 시간엔 우리도 출근해야 하고요. 운 좋게 아이들이 없는 시간이 생기기도 하겠지만 아주 드문 상황이죠.

동네마다 모텔이 있습니다. 시설도 깨끗하고요. '대실'이라는 경제적인 제도가 있습니다. 우리 부부는 저녁에 산책 나와서 근처 모텔로 자주 놀러갔었어요. 족발이나 캔맥주 몇 개 사 들고 가서 여유롭게 최신 영화 한 편 보고 샤워도 하고 누워서 뒹굴거리면서 쉬다 나오면 참 좋았어요. 영화관 가서 영화 보는 비용보다 더 저렴하게 즐길 수 있는 최상의 데이트 코스였답니다. 우리 부부는 명절에도 모텔에 자주 갔어요. 친정이 거리가 멀어 주로 명절에는 시가에만 갔는데요, 아침에 차례 지내고 나면 남편과 함께 나와서 모텔에 갔어요. 가서 낮잠도 늘어지게 자고 오후 늦게야 시가로 돌아갔어요. 지치지 않고 현명하게 명절을 보내는 우리만의 노하우였죠.

5. 성기와 섹스에 관련된 단어를 말하는 연습을 해요.

보지, 자지, 질, 음경, 음순, 삽입, 섹스, 빨기, 만지기, 쬐기, 흡입, 애무 등 성기와 섹스에 관련된 언어를 입 밖으로 내놓는 연습을 해 봅니다. 자녀 성교육에서도 양육자가 가장 어려워하는 부분이 성적인 용어들을 도무지 말할 수 없다는 겁니다. 성기 명칭을 똑바로 부르지 못하니 '소중이', '고추', '사랑을 나누는 일' 이렇게 두루뭉술하게 말하게 되고 이런 정확하지 못한 언어는 아이에게 성에 대한 막연한 두려움을 심어 줍니다.

우리가 어린 시절 다 겪어 온 과정입니다. 성에 대한 정확한 언어 사용은 성을 긍정적으로 인식하는 첫출발입니다. 성에 있어서 주체적인 힘을 갖기 위한 첫 선언이 되기도 합니다. 거울 보고 혼잣말로 익숙해질 때까지 연습해 보세요. 외설적인 맥락에서 들었던 언어를 내 일상의 언어로 바꾸는 과정입니다. 내 성기를 긍정적으로 인식하는 실천입니다. 혼잣말로 충분히 익숙해지면 대화의 공간에서도 편안하게 꺼낼 수 있게 됩니다.

6. 섹스할 때 성적인 언어로 직접 표현해 보세요.

"클리토리스를 더 만져 줘", "삽입은 천천히 하자", "음경을 꽉 잡아 줘", "부드럽게 핥아 주면 좋아……" 내가 원하는 성적인 행위를 언어로 표현하는 것이 만족도 높은 섹스의 전제조건이 되는 거예요. 상대가 섹스의 신도 아닌데 모든 것을 알아서 다 맞춰 줄 수 없습니다. 표현한 만큼 만족을 얻을 수 있어요. '오래 단단하고 크고 힘찬' 삽입이 상대를 만족시킨다는 고정관념은 머릿속에서 잠시 밀어 놓으세요. 섹스는 함께하는 연주입니다. 주고받고 정확하게 묻고 응답하는 과정이 있어야 더 나은 섹스에 이를 수 있답니다. 섹스라는 연주의 성패는 자유롭게 주고받는 성적인 언어에 달려 있다고 해도 과언이 아닙니다.

7. 섹스를 제안하고 거절당하는 일에 자존심 걸지 말아요.

'적당한 밀당이 있어야 자존심을 지킬 수 있을 거야' 하는 착각은 버리도록 합시다. 상대가 하고 싶지 않다고 해도 상처받지 말도록 해요. 밥 먹자고 했는데 배부르다고 하는 사람에게 상처받지 않듯이 섹스를 제안하고 거절하는 일에 괜한 에너지를 쓰지 않았으면 해요. 지금 섹스를 하기 싫다는 표현을 가지고 '내가 싫어졌나? 매력이 없어졌나?'까지 고민할 필요 없습니다. 쿨하게 다음을 기약하도록 해요.

8. 평소에 성에 대한 대화를 나눠요.

섹스가 끝난 후 따뜻하게 안고 누워 이런저런 대화를 나누는 거 현실적으로 어렵지 않나요? 만족스러운 섹스를 하면 졸리잖아요. 피곤하고요. 자야죠. 섹스에 대한 대화는 따로 시간을 만들어서 해요. 자녀와 함께 산다면 아이들 없는 시간이 필요하겠지요? 둘만 있는 안전한 공간이 있다면 섹스를 대화의 주제로 올려 주세요. "얼마 전에 영화를 봤는데 진짜 야하더라, 당신은 어떤 섹스가 야하게 느껴져?" 이런 식으로 말머리를 먼저 열어도 좋고요. "애들 학교에서 성교육 강의를 들었는데 강사가 그러더라고요. 부부가 먼저 섹스를 잘하는 게 중요하다고." 이렇게 대화를 시작해도 좋겠지요.

평소에 나누는 섹스 대화는 다음 섹스를 기약하게 만드는 약속이 되기도 하지요. 다음의 섹스를 더 풍성하게 만들어 줄 좋은 지침들이 이런 대화에서 생성되는 법이랍니다. 섹스의 기술은 전문가에게서 배울 것이 아니라 섹스를 나누는 당사자들의 대화에서 발굴해 내야 합니다.

9. 실험정신으로 섹스에 불을 지펴 봅시다.

어제 도전했던 섹스가 오늘의 섹스를 부르는 법입니다. 오랫동안 하지 않고 덮어 놓은 욕구에 저절로 불이 붙을 일은 거의 없을 거랍니다. 실험정신을 발휘해 봅시다. 취향에 맞는 어른 영화를 골라서 파트너와 손잡고 보세요. 다양한 체위, 다양한 스타일의 섹스를 해 봅시다. 파트너와 함께 사용하면 섹스의 재미를 더할 수 있는 섹스 토이도 많이 있습니다. 한번 사용해 보세요. 속옷에 반응하는 스타일이면 속옷도 과감한 것으로 입어 보고요. 파트너에게도 입혀 보세요. 섹스에 대한 판타지가 있을 텐데요, 해 볼 만한 것들은 과감하게 해 보는 거예요. 이런 실험정신이야말로 섹스를 즐겁게 만들어 주는 확실한 방법입니다.

10. 섹스를 방해하는 보수적인 목소리를 끕시다.

'먼저 섹스하자고 해도 될까? 밝힌다고 하면 어쩌지?', '남자 자존심은 성기 크기에 있는 거 아닌가?', '여자는 거친 섹스를 좋아한다던데?' 모두 다 낡은 소리예요. 섹스를 방해할 뿐인 고정관념입니다.

어릴 때부터 매체를 통해 받아들인 성적인 메시지들은 우리를 소극적으로 만듭니다. 섹스하자고 해도 됩니다. 밝히면 왜 안 되나요? 섹스에 대한 적극적인 태도는 섹스 만족감을 높여 주는 요건입니다. 성기 크기가 섹스의 질을 보장하지 않아요. 섹스를 대하는 태도, 파트너의 쾌감을 중요하게 생각하는 성실한 마음이 더 섹시합니다. 오래 들어 왔던 성적인 메시지 대신 파트너와 새로운 성적 메시지를 만들어야 해요. 이는 책상 위에서가 아니라 침대에서 둘의 섹스 실천으로 만들어진다는 걸 기억해 주세요.

11. 섹스는 체력, 몸의 힘을 기릅시다.

운동은 정말 중요합니다. 몸에 힘이 있어야 섹스도 하고 싶어지죠. 나한테 맞는 운동을 찾아서 매일 꾸준히 합니다. 몸이 달라지는 걸 느낄 거예요. 운동으로 몸에 힘이 생기고 근육도 단단해지면 무엇이든 더 하고 싶어지는 의욕까지 생깁니다. 곁에 있는 사람을 사랑하는 힘도 당장의 체력에서 나옵니다.

3장

세상을 끌어안는 법

내일의 섹스가
좋아지려면

내일의 섹스는 좋아질까요? 자라나는 아이들은 지금의 우리보다 더 나은 섹스를 할까요? 영국의 논픽션 작가 캐서린 앤젤은 《내일의 섹스는 다시 좋아질 것이다》에서 "나는 섹스에서 잠시라도 권력을 빼놓을 수 있다거나 우리가 불평등이 없는 축복받은 영역에 들어갈 수 있다고 생각하지 않는다"고 말했습니다. 솔직히 저도 저 질문에 긍정적인 대답을 할 자신이 없습니다. 지금보다 나은 섹스를 위한 전제조건이 너무나 복잡하게 얽혀 있기 때문에요. 여성은 자기 욕망을 드러내는 일에도 위험을 감수해야 합니다. '헤픈 여자'라는 프레임에 언제든 갇힐 수 있으니까요. 우리는 태어나는 순간부터 성적 규범의 영향 아래 놓입니다. '동의'만 해도 그렇습니다. 여성이 자기 몸을 알아 가고 성적 욕망을 긍정하는 시간을 아무리 성실하게 거친다고 해도 여성에 대한 폭력적인 성적 규범이 그대로 작동하는 한 동의는 어려운 과제일 수밖에 없습니다. 성적 욕망을 표현하고 실천하는 여성에게는 바로 '걸레'라는 낙인이 찍힙니다.

성감 떨어진다고 콘돔을 쓰지 않겠다는 남성이 있다고 칩시다. 그에게 부족한 건 성지식이 아닙니다. 그는 그냥 차별적이고 이기적인 사람인 겁니다. 성적 관계에서 존재하는 불평등은 섹스의 기술이 부족해서, 성에 대한 교육이 부재해서, 성적 지식을 알지 못해서가 아니라 이중적인 성규범, 젠더 위계적 질서로 여성의 성적 욕망이 통제되기 때문에 일어납니다. 사랑한다는 말에 파트너가 나를 인격적으로 대한다고 착각하지 마세요. 말이 아니라 파트너가 하는 행동으로 판단하세요. 그가 나를 정말 '성적 주체'로 받아들이고 있는지, 아니면 자신의 욕구를 해소할 수만 있다면 아무래도 상관없는 '성적 대상'으로만 여기고 있는지. 좋은 섹스는 어쩌면 많이 어려울 수 있습니다. 성찰과 실천이 따라야 하는 일이니까요. 남들 하는 대로 하지 않기 위해서, 이제까지 하던 대로 하지 않기 위해서 지금 여러분은 성교육을 받고 있습니다.

그러니 '내일의 섹스는 좋아질까?'라는 질문에 대답하기 위해선 '내일의 우리는 평등할까?'라는 질문에 먼저 답해야 합니다. 펜실베이니아대학교 러시아학 교수 크리스천 R. 고드시의 책《왜 여성은 사회주의 사회에서 더 나은 섹스를 하는가》는 여성의 사회경제적 지위가 향상된 사회일수록 자유롭고 풍요로운 성생활이 이루어진다는 다수의 연구 결과들을 소개합니다. 일례로, 섹스 후 느끼는 행복감을 묻는 조사에서 여성의 사회적 지위가 높은 동독의 여성 82퍼센트는 "행복감을 느낀다"고 대답한 반면, 동독과 비교해 여성의 사회적 지위가 낮은 서독의 여성은 52퍼센트가 그렇다고 대답합니다. 성평등 사회의 주요 의제인 임금 격차가 해소되면 오르가슴 격차도 해결된다는 말은 논리적인 비약이 아니랍니다.

영화 〈거룩한 분노〉는 1971년 스위스의 작은 마을에 사는 전업주부 노라가 자신의 삶을 되찾는 이야기입니다. 마지막 장면에 이런 대사가 나옵니다. 아주 인상적이었기에 그대로 옮겨 봅니다.

"나와 한스는 마침내 작은 성 혁명에 도달했다."

노라는 매일 "좋은 하루 보내"라는 인사를 하며 출근하는 남편을 배웅하고 집안일을 하며 사는 삶을 안온하게 여기는 여성이었습니다. 여성에게 투표권이 없는 현실에도 전혀 문제의식을 느끼지 않았고요. 이 영화는 그런 노라가 여성해방 운동에 눈을 뜨고 삶의 주체로 단단하게 일어서는 성장기입니다.

마을 여성들과 투표권 투쟁을 준비하면서 남편에게 심한 추궁을 받게 되는 노라는 남편에게 "내 다리 사이에는 호랑이가 있어. 그리고 난 오르가슴을 한 번도 느낀 적이 없어"라는 말을 던지고 집을 나옵니다. 집안일 파업을 하고, 직장을 구하고, 여성해방 행진에 참여하고, 여성의 오르가슴 찾기 워크숍에도 다녀오면서 노라는 자기 몸의 주인이 되어 갑니다. 그사이 드디어 그녀가 사는 작은 마을에서도 여성들이 투표권을 쟁취합니다. 남편도, 시아버지도, 아들들도 집안일을 함께하는 사람으로 달라집니다. 변화의 정점은 바로 남편 한스와 노라의 성생활에 있습니다. 한스의 얼굴 앞에서 다리를 벌리고 앉아서 노라가 물어봅니다.

"보여? 호랑이가?"

살면서 한 번도 본 적 없는 자신의 성기를 본 날, 노라는 성기가 호랑이를 닮았다고 느꼈는데요, 이 호랑이를 남편에게 펼쳐 보인 것입니다. 한스는 노라의 호랑이와 키스를 합니다. 노라의 얼굴은 환한 미소로 피어납니다. 마음에 꼭 들었던 이 영화의 마지막 장면입니다.

전업주부의 삶을 살던 노라가 어떻게 자기 자신의 삶을 되찾게 되었을까요? 남편과의 성관계에서 오르가슴을 느낀 적

없던 노라가 어떻게 자기 욕망의 주체로 당당하게 설 수 있었을까요? 사회제도의 변화, 그 변화를 위한 투쟁을 이어 나가는 과정은 자기 몸의 권리를 찾는 일과 함께 이루어집니다. 이 영화는 픽션이지만, 저는 이 영화가 개인의 성장과 사회의 변화가 연결되어 있음을 보여 주는 아주 탁월한 영화라고 생각합니다.

'포괄적 성교육'이라는 말이 있습니다. 즐겁고 안전한 섹스를 이루기 위한 전제조건을 아주 넓게 보는 성교육 방향이지요. 어떤 감각을 좋아하는지, 무엇이 나에게 안전함을 주는지, 관계를 밀고 당기는 힘을 어떻게 쓸 것인지, 안전한 관계를 위해 내가 알고 있어야 하는 정보는 무엇인지, 내 마음과 생각과 감정의 겹들을 얼마나 잘 전달할 수 있는지, 파트너의 욕망과 자신의 욕망을 어떻게 조율하고 합의해 나갈지, 이 목록들을 실천할 수 있는 힘은 어디서 얻을지, 이 힘을 방해하는 위계는 어떻게 걷어 낼지, 이미 구조화되어 있는 불평등한 관계는 어떻게 해결해야 할지 등 좋은 성관계를 위한 조건이라는 괄호에 들어와야 할 것들이 많습니다.

괄호는 계속 열려 있어야 해요. 괄호 안으로 더 많은 공부와 실천이 들어올 때 관계는 즐겁고 안전한 방향으로 조금씩 움직일 것입니다. 이것이 포괄적 성교육 안으로 들어와야 할 주제들에 대한 거친 요약입니다.

포괄적 성교육이 필요하지 않은 존재는 없습니다. 성교육의 공간에는 모두를 위한 의자가 놓여 있어야 합니다. 성은 삶의 핵심 주제이기 때문에 그렇습니다. 더 풍성한 삶을 살아가기 위해 공부해야 할 모든 것이 성교육에 담겨 있으므로 성교육은 모두를 위한 것이 되어야 합니다.

성교육은 청소년기에만 반짝 머무르는 프로그램이 아닙니다. 성교육은 전 연령대의 사람들이 각자 삶의 맥락에서 더 나은 사람이 되기를 욕망하고 이를 위한 주체적인 힘을 가질 수 있도록 돕는 과정이어야 합니다. 성교육은 더 포근한 관계 안에서 안전하고 싶은 사람들이 같이 실천해야 하는 시민 교육이 되어야 합니다.

저는 성평등 교육, 젠더폭력 예방교육, 성교육, 성인지 감수성 교육 등 다양한 주제어로 강의를 합니다. 교육의 시간은 길어 봤자 두 시간이고 교육의 공간은 일회적으로 열리고 닫히는 곳이 대부분입니다. 충분하게 연결감 있게 강의를 할 수 있는 물리적 조건이 아닙니다. 이런 조건에서 어떻게 마음을 움직이는 교육을 할까가 저의 가장 큰 고민입니다.

제가 염두에 두는 것은 한 사람의 구체적인 변화입니다. 불평등한 사회구조를 인지할 수 있도록 돕고, 성평등의 가치가 각자 삶의 영역에서 얼마나 중요한 의미를 지니는지 알리고, 학습자들이 성평등을 삶의 주요 의제로 받아들일 수 있게 단단한 연결고리를 만들어 내고 싶습니다. '나에게도 중요한 문제잖아', '성평등이 내 삶을 풍성하게 만들어 주겠는걸?', '좀 더 나은 존재가 되어 볼까?', '일상에서 맺는 관계부터 바꿔 볼까?', '잘 모르겠는데 공부 좀 해야겠어…….' 이런 호기심과 다짐이 가는 금으로라도 학습자의 마음에 그어지길 바랍니다.

불평등이 있는 사회, 성차별이 있는 사회는 약자에 대한 혐오나 차별의식을 사람의 품성으로 습득하게 합니다. 친절하고 상냥한 목소리로 성별 고정관념을 실어 나르거나 사회적 소수자에 대한 혐오를 전한다면 그건 더 위험합니다. 성평등 감수성, 인권 감수성은 인성의 중요한 기준이 됩니다. 각별하게 자신의 위치성을 성찰하지 않으면, 불평등한 사회에 대해 공부하지 않으면, 사회적 약자에 대한 차별과 혐오에 대해 질문하지 않으면 좋은 인성을 가질 수 없습니다.

당연하게 여겨 온 오래 묵은 생각들과 주변에서 하는 이야기들에 게으르게 고개를 끄떡이지 않았으면 합니다. 이제는 '성평등', '성인지 감수성', '페미니즘' 이런 단어를 입에만 올려도 더 들으려 하지 않고 판에 박힌 질문을 하는 얼굴들을 초등학교 강당에서도 만나게 되니 조급해집니다.

얼마 전 초등학교 6학년 학생들을 만나고 왔을 때도 마음이 좋지 않았죠. 단톡방에 성기 사진을 올리고, 섹스를 해 보고 싶다는 말을 문자로 주고받고, 친구의 가슴을 만져 보라고 다른 친구에게 시키는 일이 아이들의 세계에서 일어나고 있습니다. 성평등 교육이 정말 필요하지 않습니까. 아이들의 좋은 품성은 사회적 진공상태에서 만들어지는 게 아닙니다. 이것이 포괄적 성교육이 필요한 이유입니다.

다른 존재가
될 수 있음을 믿는 힘

성교육 강사 양성과정 중에 참여자 한 분이 친구의 고민을 대신 들고 저를 찾아오셨어요. 초등학교 6학년인 딸이 자위하는 모습을 보고 친구가 엄청 혼냈다는데 괜찮을까 하는 고민이었습니다.

다음 수업에는 친구분을 데리고 오셨더라고요. 교실 맨 뒷줄에 두 사람이 나란히 앉아 제 수업을 들었습니다. 친구분 얼굴에 노심초사하는 표정이 역력해서 힘을 주는 말을 해야겠다 싶었습니다.

태어나 자라면서 사람은 성장하지요. 몸이 자라는 걸 확인하고 마음이 확장되는 걸 느낍니다. 우리는 사람과의 만남, 자연과의 접촉 속에서 생기는 다양한 감정을 인지하고 표현하면서 조금씩 조금씩 성장해 가는 존재들입니다.

아이가 자라는 모습을 가장 가까이에서 지켜볼 수 있는 존재는 부모입니다. 자녀에게도 마찬가지입니다. 부모는 태어나서 처음 만나는 타인이며, 부모가 나이가 들어 가면서 어떻게 변하고 달라지는지 가장 가까이에서 지켜보게 됩니다. 자녀에게 부모는 만나고 싶은 미래를 미리 삶으로 보여 줄 수 있는 존재입니다. 무섭게 혼내던 어릴 때의 부모가 내 감정에 귀 기울여 주는 부모로 변하는 모습을 목격할 수 있다면, 그 자녀는 살면서 만날 수 있는 가장 중요하고 아름다운 성장의 현장에 함께하는 겁니다.

우리는 완전하지 않아요. 어떤 공간, 어떤 시간 안에서 우리는 실수를 하고 상처를 주고받으며 살고 있습니다. 부모라는 존재도 그저 특정한 시공간을 살아가는 보통의 존재일 뿐입니다. 성교육을 하다 보면 자책하는 부모를 많이 만납니다. "어릴 때 아이들에게 사랑을 자주 표현 못 했어요.""아이가 자위하는 모습을 보고 심하게 혼냈어요." 이런 걱정을 안고 제게 옵니다. 과거의 자신은 그 시간 안에서는 최선의 모습이었어요. 자책하지 마시길 바랍니다. 중요한 것은 '지금 어떻게 달라질 것인가'랍니다. 그러니 아이에게 솔직하게 사과하면 됩니다. 진심을 담아 말을 전하면 아이들은 받아들입니다. 사과하고 변하고 달라지는 모습을 보일 수 있다면 아이들에게 이

보다 더 극적인 교육은 없답니다.

이런 과정을 통해 아이는 무엇을 배우게 될까요? '누구나 잘못을 할 수 있어. 잘못을 돌아보고, 진심을 담아 상대에게 사과를 전하고, 다음에는 그러지 않도록 하면 돼. 사람은 이렇게 성장하는 거야. 성장은 기쁜 거구나.' 잘못을 인정하고 실제로 달라진 부모를 경험한다면 아이들은 변화의 힘을 믿는 존재가 될 겁니다.

제 아버지가 저에게 그랬습니다. 어린 시절 저에게 아버지는 집 안의 공기를 차갑게 만드는 나쁜 어른의 전형이었습니다. 집에 들어갈 때면 늘 댓돌 위에 아버지의 운동화가 놓여 있는지 먼저 살폈어요. 아버지가 집에 계시면 들어가기 싫어서 긴 한숨을 토해 내곤 했답니다. 아버지와 밥상에 둘러앉아 밥 먹는 시간에 언제 호통이 날아올지 몰라 떨기 일쑤였고요. 어머니와 아버지가 싸우는 소리는 우리 집의 배경음악이었습니다. 저를 때린 적은 없지만 아버지의 폭력을 자주 목격했습니다. 눈앞에서 새끼 고양이를 던진 적도 있고, 추운 겨울날 마당으로 밥상을 엎어 버린 적도 있으니까요. 무서워서 맨발로 골목을 달려 도망쳤던 겨울날의 추운 기억이 지금도 선명하네요. 그런 폭력을 지켜보고 경험하면 삶을 다르게 꿈꿀 힘도 거세된답니다.

그랬던 아버지가 어느 순간 다른 존재가 되었습니다. 지금 생각해도 너무나 극적인 일이네요. 제가 고등학교 다닐 때 아버지는 매일 누워 있던 아랫목에서 일어나셨어요. 자존심 때문에 남 밑에서 절대 일하지 않겠다고, 사람은 돈이 아니라 의미를 좇아야 한다며 집에 누워서 신문이나 잡지만 읽어 대던 아버지가 공사장 함바집을 하기 시작한 겁니다. 제가 공부해서 대학에 가겠다고 선언한 뒤였습니다. 딸이 대학을 간다고 하니 학비를 대야겠다고 생각하셨나 봅니다. 변화는 그것만이 아니었습니다. 아버지가 제 눈을 마주 보기 시작했고 제 꿈에 대해 궁금해하기도, 아버지의 상처와 꿈에 대해 들려주기도 했습니다. 아버지가 하시는 말씀을 듣고 있으면 내가 아주 중요한 존재로 대접받고 있다는 생각이 들었습니다.

엄하고 무서웠던 아버지가 자상한 아버지로 변했습니다. 아버지는 전형적인 경상도 어른으로 보수적인 정치의식을 가진 사람이었고, 페미니즘 이런 건 알 리도 없었습니다. 그랬던 사람이 어떤 사상적 배경을 가지지 않고도 순전히 곁에 있는 사람을 위해 마침내 변신을 했던 겁니다.

무엇이 아버지를 변하게 했을까요? 아버지는 어떤 힘에 기대서 삶의 태도를 바꿀 수 있었을까요? 생전에 아버지는 어린 시절의 결핍을 들려주시곤 했습니다. 형도 동생도 대학을 갔는데 둘째인 아버지만 초등학교도 못 갔다고요. 삼촌이 하시던 방앗간에서 일꾼으로 일했다고 했습니다. 아침마다 산에

나무하러 올라가면 학교 가는 아이들이 우르르 지나갔대요. 아이들이 다 사라질 때까지 무덤 뒤에 숨어 있었다는 이야기를 설움 가득한 목소리로 들려주시곤 했습니다. 아버지 안에는 배우지 못했던 어린 소년이 살아 있었던 거예요. 아버지를 일으켜 세운 힘은 바로 가난해서 학교에 가지 못했던 어린 아버지의 결핍이었을 겁니다. 가난 때문에 포기해야 했던 배움을 딸이 하겠다고 나서니 어떻게든 도와야겠다고 다짐했을 겁니다. 자기 안에서 자신의 변화를 독려하는 목소리에 응답했던 겁니다.

사람은 이렇게 아름답습니다. 사람이 변하는 모습은 세상 무엇보다 귀합니다. 이는 부모가 자녀에게 줄 수 있는 최고의 선물입니다. 누군가 변하는 모습을 보면 자신이 맞이할 미래의 모습에 대해 낙관하게 됩니다. '내일의 나는 지금과 다를 거야. 달라질 거야. 원하는 대로 변할 수 있어'라고 진심으로 믿는다면 오늘의 나는 어떤 마음으로 살아가게 될까요? 어지간해서는 절망하지 않고 미래를 긍정하고 스스로를 믿는 제 성격이 어디에서 비롯되었나 생각할 때가 있습니다. 아버지가 성장하는 모습이 제 마음에 단단하게 심어져 있어서라고 짐작합니다.

"사람은 변한다고 믿으시나요?"

강의 때 자주 드리는 질문인데요, 정말 많은 분들이 믿지 않

178

는다고 단호하게 대답합니다. 사람이 변할 수 있다는 것을 믿지 않는다면 어떤 실천, 어떤 교육이 가능할까요? 사람은 변할 수 있다고 믿어야만 실천하고 싶은 의지도 생깁니다.

'사람은 고쳐 쓰는 거 아니다', '사람은 변하지 않는다' 이런 말들을 저는 믿지 않습니다. 제가 어릴 때 정확하게 확인했잖아요? 아버지의 변화와 성장을 생생하게 목격했잖아요? 저는 사람의 성장을 절대적으로 믿는 사람입니다. 매일 매 순간 사람은 조금씩 나아진다고 종교처럼 믿습니다. 단단하게 굳어져 있는 차별적인 사회구조, 만연한 폭력…… 날이 갈수록 사회가 나빠진다고 해도 그 안에서 사람이 할 수 있는 일에 대해 희망을 가지고 있습니다.

일상의 대화부터
빛나게

50대가 되니 일로든 개인적으로든 저보다 어린 사람들을 더 많이 만납니다. '꼰대가 되지 말아야지' 하는 다짐을 해 보는데, 정신 차리고 보면 "나 때는 말이야" 하는 말을 조언이랍시고 길게 늘어놓고 있는 저를 발견합니다. 아무리 좋은 뜻에서 시작한 이야기라고 해도 상대에게는 듣고 싶지 않은 이야기일 수 있다는 걸 자꾸 잊게 됩니다.

직업이 강사다 보니 '대화의 기술'이라는 주제로 강의도 종종 합니다. 우리는 다른 사람들과 관계를 맺고 살아가고 있고, 타인과 관계 맺기에서 대화가 차지하는 비중은 아주 높습니다. 그러니 타인과 어떻게 대화를 나눌 것인가는 인간관계에서 아주 중요한 문제가 됩니다.

대화를 잘하는 방법에 대한 넘치는 이야기들 중에 공통되는 원칙은 '잘 듣기'입니다. 사람들 앞에서 말하는 일이 일상이다 보니 잘 들어 주는 일이 얼마나 감사한지 자주 실감합니다. 잘 듣는 청중들은 저를 유능한 강사로 만들어 주는데요, 그럴 땐 마음의 어느 갈피에 있었는지도 모를 언어들이 마구 흘러나옵니다.

두 사람이 나누는 대화에서도 잘 들어 주는 태도는 매우 필요합니다. 그 방법을 정리하면요.

1. 상대가 말하는 동안 눈을 마주 봅니다. 이거 생각보다 어렵습니다. 각별하게 애써야 가능한 일입니다. 내가 할 말은 접어 두고, 휴대폰 알림은 신경 끄고, 옆에 지나가는 사람에게 눈길 주지 말고 상대가 말하는 내내 그를 바라봅니다.

2. 적절한 타이밍에 고개도 끄덕여 줍니다. 추임새도 넣어 줍니다. "정말?", "어머!", "와~", "대단하다!", "무슨 일이야?" 기계적인 리액션을 할 수도 있겠지만 그렇게 하면 상대에게 진심이 전달되지 않아요. 고개 끄덕임과 추임새는 상대 이야기를 잘 듣고 있을 때 나오는 자연스러운 반응입니다.

3. 필요한 경우 자세하게 더 물어봐 줍니다.

자, 여기까지 실천했다면 여러분은 벌써 상대방에게 존중받는 느낌을 선물한 것입니다. '너는 소중한 사람이야' 하는 느낌을 전달했습니다.

문제는 잘 듣기가 말처럼 쉽지 않다는 것이죠. 사람들은 대화에서 상대의 이야기를 듣기보다 자신의 이야기를 더 하고 싶어 하거든요. 말을 끊고 끼어들어 자기 이야기를 하는 일이 자주 일어납니다. 지위가 더 높거나 나이가 많은 사람이 말하는 시간을 독점하는 경우도 많고요.

추운 길 위에 서 있는 두 사람을 상상해 봅시다. 둘은 따뜻한 차 한 잔을 번갈아 가며 마셔야 해요. 내가 한 모금 마셨으면 상대에게 건네줘야지요. 따뜻한 차를 내가 너무 오래 마시고 있으면 상대는 추위에 떨고 있어야 합니다. 대화도 마찬가지지요. 내가 너무 오래 말하고 있지 않은지, 내가 말하는 동안 상대가 대화에서 소외되지 않는지 매번 살펴야 합니다. 내 이야기를 멈추고 내 앞사람에게 말할 수 있는 시간 넘겨 주기는 대화를 잘하기 위해 실천해야 하는 규칙이랍니다.

가까운 사이일수록 대화의 규칙을 더 잘 지키도록 노력해야 합니다. 성적 의사소통이 중요하다고 말씀드렸는데, 성적 관계 안에서 대화를 나눌 수 있으려면 일상의 대화에서 충분한 연습이 있어야 합니다. 성적 의사소통의 과정에서도 파트너가 무엇을 원하는지 세심하게 듣는 일이 필요하고요. 일상의 대화 관계에서 남의 이야기를 듣지 않는 사람이 성적 관계에서 듣기를 실천하기란 아주 어렵겠지요.

잘 들으려면 어떤 마음의 자세가 필요할까요? '겐샤이 Genshai'라는 고대 힌디어 단어가 있습니다. 누군가를 대할 때 그 사람이 스스로를 작고 하찮은 존재로 느끼지 않도록 해야 한다는 의미를 담고 있는 말입니다. 내 앞에서 나와 대화를 나누고 있는 사람을 귀하게 대하는 마음을 품으면 그가 하는 말을 잘 들을 수밖에 없습니다.

모든 사람들의 내면에는 그 사람만이 품고 있는 이야기들이 있습니다. 들어 주는 존재가 있다면 누구든 자신의 이야기를 발견하고 들려줄 수 있게 됩니다. 나이가 어리든 지위가 낮든 장애를 가졌든 비정규직이든, 누구든 자신의 이야기를 할 수 있는 자리가 마련되어야 합니다. 그런 기회를 만들어 주는 것이 바로 '들어 주는 존재'입니다. 잘 들어 주기는 이토록 의미 있는 일입니다.

다른 사람도 고유한 무엇인가를 품고 있다고, 우리가 궁금해 할 무엇인가를 품고 있다고 믿는 것은 이런 사회 분위기에서는 거의 '저항'이라고 부를 만한 일이고 최고의 존중이다.

정혜윤, 《슬픈 세상의 기쁜 말》에서

타인의 언어를 익히는 데는 시간이 필요하다. 타인의 언어가 자연스러워지기까지 그들이 걸은 길을 걷고 함께 시간을 보내며 타인의 삶의 구체적인 디테일을 보아야 한다. 그런 디테일이 그이의 '안으로부터의 이야기'를 구성할 것이다.

김현우, 《타인을 듣는 시간》에서

모두가 듣는 일의 귀중함을 알고 잘하기 위해 애쓴다면, 그런 사람들이 가득한 세계라면 얼마나 살고 싶을까요? 아마도 개별적 존재의 다채로운 이야기들이 넘쳐 나게 되겠지요? 지금 우리 사회에는 간단하게 지워지고 무시당하는 이야기들이 너무 많습니다. 어떤 사람이 아무런 검열 없이 자기 이야기를 할 수 있다면, 그 자체로 엄청난 사건입니다. 그러니 우리가 할 수 있는 일은 내 곁의 존재가 어떤 이야기를 품고 있는지 궁금해할 것, 시간과 정성을 기울여 들을 것입니다. 타인의 이야기가 내 안으로 들어오면 나의 이야기가 풍성해지고 내 존재가 확장됩니다.

소셜미디어로부터
자유로워지기

미국 다큐멘터리 〈소셜 딜레마〉에는 소셜미디어에 올린 자기 사진에 '좋아요'도 없고 댓글도 안 달리자 시무룩해져서는 게시물을 지우는 소녀가 나옵니다. 소녀는 곧바로 활짝 웃는 자신의 얼굴을 다시 찍어 올립니다. 곧이어 달리는 '좋아요'에 웃음을 찾지만 웃는 얼굴은 또 금방 지워집니다. "귀를 더 키우지?"라는 댓글을 본 순간에요. 소녀는 굳은 얼굴로 자신의 귀를 머리카락으로 가립니다. 거울을 보면서 반복적으로 귀를 덮지요.

소셜미디어에 자신의 얼굴 사진, 몸매 사진, 핫플레이스 사진을 올리면서 얻는 타인의 인정과 칭찬은 여성들에게 강력하게 작용합니다. 소셜미디어는 가장 완벽한 모습을 보여 주기 위해 경쟁하는 사람들의 무대이므로 인정받지 못함이 바로 자기에 대한 비하로 이어지는 거지요.

> 소셜미디어 속 타인의 모습이 현실이 아니라고, 저마다 기민한 마법사 같은 손길로 다듬어 만든 환상이라고 그 누가 아무리 말을 해도, 실제 변화가 조금이라도 생기려면 여성 스스로가 소셜미디어를 자기 가치의 측정 도구로 삼지 않겠다고 결심해야 한다는 점이다.
>
> **레이철 시먼스, 《소녀는 어떻게 어른이 되는가》에서**

소셜미디어에서 누구를 팔로잉하고 있는지, 나의 피드에 무엇에 관한 내용이 주로 보이는지를 통해 지금 나의 관심이 어디로 향하고 있는지 알 수 있습니다. 3년 전 바디 프로필 찍기를 목표로 식단 관리와 근육 단련에 열심이었던 저는 운동을 할수록 몸으로 결과가 드러나는 것이 너무 신났습니다. 그래서 운동하는 사진과 식단 사진을 소셜미디어에 올렸답니다. 사람들의 '좋아요'와 부러움이 담긴 댓글에 자극받아 더욱 열심히 몸을 관리했고요. 그즈음 제 소셜미디어에는 온통 복근과 운동, 다이어리 비법에 관련된 사진들이 넘쳐 났습니다. 운동을 못 했거나 빵이나 과자를 먹게 된 날이면 얼마나 깊은 자괴감에 빠졌는지 몰라요. 인생의 큰 실패를 겪은 듯한 느낌에 사로잡혔습니다. 다른 사람의 몸매는 어쩌면 그렇게 날씬하고 멋진지, 그들의 선명한 복근을 볼 때마다 부러웠습니다. 그들과 비교하면 내 몸은 너무 형편없었어요. 자꾸 못마땅해지더라고요. 석 달을 온통 운동과 식단 관리의 세계에서 보냈답니다. 그러다 언제까지 관리하며 살아야 할지 의문이 들었습니다. 평생 이렇게 산다면 불행하겠다는 생각도 들었고요. 체력을 키우기 위해 운동을 한다고 했지만 결국 남에게 보여 주기 위해서였고, 근사한 복근이 포착된 프로필 사진을 전시하고 싶다는 욕망이 컸구나, 깨달았습니다. 저는 프로필 사진을 찍지 않기로 하고 이후로는 운동하는 사진, 식단 관리하는 사진을 소셜미디어에 올리지 않았습니다.

바디 프로필 관련해서 팔로잉했던 이웃들도 목록에서 지웠습니다. 여러분도 소셜미디어에 스스로 비참해지거나 부족하다고 느끼게 되는 계정이 있다면 단 며칠만이라도 의식적으로 보지 말아 보세요. 비교하는 마음, 부러운 마음이 자신을 겨누어 감정을 상하게 하는지를 알아보기 위한 실천입니다.

스마트폰에 깔려 있는 소셜미디어 앱을 지우는 것도 좋은 방법일 수 있습니다. 저도 습관적으로 소셜미디어 앱에 들어가는 일이 잦아서 고민이 많았거든요. 일주일간 인터넷 사용 시간을 보고 깜짝 놀란 뒤로 앱을 싹 지웠습니다. 노트북에만 앱을 깔아 둬서 저녁에만 잠깐씩 보는 것으로 습관을 바꿨더니 확실히 의미 없이 보내는 시간이 줄었습니다.

여전히 저는 소셜미디어를 이용하고 있습니다. 주로 강의하는 모습이나 쓰고 있는 책에 관련한 이야기를 게시물로 올리는데, 하루에도 몇 번씩 '좋아요' 숫자를 확인하게 됩니다. 아시다시피 소셜미디어는 조회수, 구독자 수, 좋아요 수, 공유 수 등 타인의 관심이 정확하게 수치화되는 공간입니다. 관심을 얼마나 받고 있는지 바로 확인이 가능한 곳이다 보니 누군가와 비교를 하게 될 때도 있습니다. 그래서 한편으로는 인터넷 공간에 올라오는 타인의 삶과 성취에 영향을 받지 않기 위한 노력을 기울입니다. 특별한 비법은 아니지만 원칙을 정해 두고 따르고 있습니다. 소셜미디어에 게시물을 올리면서 지키려고 애쓰는 몇 가지 저만의 원칙을 밝혀 둡니다.

- 화장한 얼굴, 포토샵으로 매만진 몸을 전시하지 않겠다.
- 소유물을 과시하는 사진을 올리지 않겠다.
- 활동 모습, 실패 경험, 성장 과정 등 내 존재의 다양한 부분을 올리겠다.
- 더 나은 존재가 되기 위해 고민하고 성찰하는 내용들을 올리겠다.
- 사회적인 이슈를 내 삶과 연결지어 올리겠다.

여러분은 소셜미디어를 어떻게 사용하고 있나요? 어떤 목적으로 쓰고 있나요? 소셜미디어로부터 어떤 영향을 받고 있나요? 내 게시글이 다른 사람에게 미칠 영향을 생각해 본 적 있나요? 그렇다면 다음 체크리스트도 더불어 참고해 보세요.

○ 게시물을 올린 이후 사람들이 얼마나 관심을 보이는지 신경 쓰인다.

○ 다른 사람의 게시글을 보고 질투심을 느껴 본 적이 있다.

○ 다른 사람의 게시글을 보고 자신이 초라해 보여서 우울해진 적이 있다.

○ 다른 사람의 게시글 중 얼굴이나 몸매 사진에 특히 관심이 생긴다.

○ 맨 얼굴, 찡그린 표정, 뚱뚱하게 보이는 몸 등 보정하지 않은 내 사진을 계정에 올릴 수 없다.

아이나 어른 할 것 없이 모두가 소셜미디어의 영향을 받습니다. 소셜미디어는 인터넷이라는 거대한 공간에서 타인과 교류하고 의미 있는 영향을 주고받는 장입니다. 우리 모두가 배워 가야 할 영역입니다. 특히 소셜미디어가 몸에 미치는 영향, 우리가 자신을 어떻게 인식하는지에 미치는 영향을 주의 깊게 살펴보시면 좋겠습니다. 소셜미디어에 공개되는 타인의 사진은 아주 정교한 과정을 거쳐서 선택된 것들이라는 점도 잊

지 마시고요. 그 사진을 심판 삼아 내 몸에 불만을 키우는 것은
불공정한 게임입니다. 이것을 알아차리는 것만도 아주 중요한
인식입니다.

쫄지 않는 마음

강의장에서 만난 중년의 여성은 어릴 적에 성폭력을 당한 피해자라고 했습니다. 딸을 키우고 있는데 걱정이 많이 된다는 말씀도 했습니다. 뉴스에서 성폭력 사건 보도만 봐도 가슴이 덜컥 내려앉는다고요. "늦게 다니지 말아라, 조심해라……." 딸에게 자주 말한다고 해요. 놀다 보면 늦게 들어오는 날도 있을 수 있는데 딸을 자꾸 혼내게 된다고 걱정을 많이 하셨어요. 이 고민이 어디 이 여성 혼자만의 것일까요? 모든 여성들의 불안이지요.

우린 모두 성폭력 생존자입니다. 과장이 아닙니다. 저만 하더라도 제 가슴을 처음 만진 남자는 골목에서 마주친 낯선 남자였습니다. 대학교 축제 때 학교에서 술 취한 남학생에게 가슴을 움켜잡힌 채 울던 기억이 있습니다. 그날 제 친구는 저보다 더 심한 성폭력을 당했고요. 길에서, 학교에서, 성추행을 당하는 일들 일상 아니었나요? 그뿐입니까. 언론에 날마다 보도되는 성폭력 범죄들은 우리에게 두려움을 새겨 주었지요. 성폭력에 대한 두려움으로 밤길을 다닐 때도, 여행길에서도, 낯선 남자 곁을 지나쳐야 할 때도, 공중 화장실을 이용할 때도 잔뜩 움츠리며 살아왔습니다. 성폭력이 만연한 사회에서 나고 성장한 우리는 모두 살아오는 동안 성폭력을 당한 경험이 있습니다.

그런 우리가 딸을 낳았어요. 사회는 변하지 않았고 성폭력 문화는 더 강고해졌습니다. 딸들이 살아갈 이 사회가 저 또한 몹시 무섭고 두렵습니다. '딸이 성폭력을 당하면 어떡하지?' 하는 공포는 실제하는 감각입니다. 할 수 있는 일이란 딸을 단속하는 것뿐. 우리의 불안을 다스리려고, "늦게 다니지 말아라", "조심해라", "술 많이 마시지 말아라"라는 말을 하게 됩니다. 하지만 소용없는 말이라는 것 이제는 아시지요?

여성이 조심해서 성폭력을 피할 수 있다면 얼마든지 조심하겠습니다. 딸들을 단속하는 말은 성폭력을 막는 것이 아니라 딸들의 삶을 위축시킵니다. 딸들이 세상을 두려워하면 어떻게 세상 한가운데로 걸어 나갈 수 있겠어요. 제게도 여학생들이 찾아옵니다. 누구에게도 말하지 못한 비밀을 안고 옵니다. 사귀던 남성과 찍은 동영상이 유출되었을지 3년 넘게 불안에 떨고 있는 대학생, 채팅으로 만난 남성에게 보낸 자위하는 영상이 유출되었으면 어쩌나 고민하는 초등학생, 학교에 "걸레"라고 소문이 나서 힘들어하는 고등학생. 그들에게 제가 해 주는 말은 한결같습니다.

"우리 쫄지 말자. 너 혼자만의 문제가 아니야. 그 일이 우리 발목을 잡도록 두지 말자."

'우리'라는 주어를 꼭 써서 강조합니다. 혼자만의 싸움이 아니라 곁에 많은 여성들이 함께하고 있다는 말을 전하고 싶어서 말입니다. "힘들겠다" 공감하는 것보다 더 큰 힘을 주어야 합니다.

우리가 품고 있는 두려움과 불안을 딸들에게 물려주지 말도록 합시다. 대신 다른 말을 합시다. 아이가 폭력의 피해를 당했다면 "우리가 네 곁에서 의연하게 싸워 줄 거야"라는 메시지를 주자고요. 폭력의 경험이 네 삶과 미래를 망칠 일은 없을 거라고, 피해는 네 잘못이 아니라고, 폭력의 피해에도 불구하고 너한테는 네 삶을 뜻대로 세워 갈 수 있는 힘이 있다고 단단하게 들려주도록 해요. 성폭력당한 기억이 현재의 우리를 지배하지 않고 있다는 것을, 피해의 경험에서 우리가 걸어 나왔다는 것을 증거로 보여 주면 좋겠습니다. 우리의 삶을 보고 딸들이 당당한 참조점을 얻을 수 있도록 말입니다. 우리가 피해자를 고립시키는 언어를 실어 나르는 어른이어서는 안 되겠잖아요.

마음만 그렇게 먹는다고 되는 일은 아니에요. 어른이 먼저 공부합시다. 페미니즘 책을 읽도록 해요. 페미니즘 책을 읽는 독서모임이 있으면 참여해요. 혼자서 이겨 내는 힘이 약하다면 곁에 있는 사람과 연대해서 힘을 키워야지요. 성폭력 문화를 성찰하고 실천할 일을 제시하는 책들도 읽고 주변 사람들과 토론해요. 쫄지 않는 마음은 저절로 생기지 않습니다. 나와 같은 고민을 하는 다른 여성들과 연결될 때 힘을 낼 수 있어요. 연대해야만 나 혼자만의 문제가 아님을 확실하게 알게 되거든요. 여성운동 단체의 회원으로 가입해서 회비도 매달 내 보시고요. 먼저, 한국성폭력상담소, 한국사이버성폭력대응센터, 한국여성민우회, 한국여성의전화 등 여러 단체가 있습니다. 단체의 홈페이지에 들어가 보도록 해요. 하는 일도 알아보고, 다양한 성명서와 자료집도 열람합시다. 각 단체에는 회원들이 주축이 되는 소모임도 다양해요. 관심 가지고 있는 모임을 찾아 활동도 시작해 봅니다. 단체의 소셜미디어 계정도 찾아가 보세요. 매일 새로운 현안에 대응하는 단체의 모습을 지켜보는 것도 의미있는 실천입니다. 총회에도 나가 보세요. 성폭력에 저항하는 여성들이 여성단체에 있답니다.

《눈물도 빛을 만나면 반짝인다》(김영서), 《삼성을 살다》(이은의), 《죽고 싶지만 살고 싶어서》(장화 외)같이 성폭력 생존자들이 쓴 책도 적극적으로 찾아서 읽어 보세요. 성폭력의 피해에서 걸어 나와 자기 삶을 새롭게 세운 용감한 경험을 배우게 될 거예요.

성폭력 생존자가 주인공으로 등장하는 영화와 드라마도 봅니다. 〈피고인〉, 〈갈매기〉, 〈우리는 영원히 어리지 않다〉, 〈스포트라이트〉, 〈밤쉘〉, 〈경아의 딸〉, 〈기쁨의 도시〉, 〈인티머시〉, 〈69세〉, 〈한공주〉, 〈도가니〉, 〈소원〉, 〈애프터 미투〉, 〈믿을 수 없는 이야기〉 같은 작품들이 있습니다. 딸이 있다면 딸과 같이 보기로 해요. 시청 후 이야기도 많이 나눠요. 힘은 그렇게 키워 가는 거랍니다. 조심하라는 단속은 게으른 대응이고 유해한 메시지일 뿐입니다. 우리가 먼저 쫄지 않는 마음을 키워서 딸들에게 전해 주도록 하자고요.

직장에서 법정의무교육으로 하는 성폭력 예방교육도 열심히 들읍시다. 사회구조로부터 비롯되는 폭력을 깨달아야 이를 막기 위한 실천도 할 수 있습니다.

성폭력 생존자가
보여 주는 힘

저는 경찰청 전문 강사로 활동하고 있는데요, 경찰청 본부에서 워크숍이 열렸을 때 일입니다. 정해진 제 자리로 찾아가니 옆자리에 반가운 이름이 적힌 표찰이 있었습니다. '김영서'라고요.

2014년 저는 은수연 작가의 《눈물도 빛을 만나면 반짝인다》를 읽고 블로그에 이런 글을 쓴 적이 있습니다.

"수연 씨, 따뜻한 밥 한 그릇 내 손으로 맛나게 해서 대접하고 싶어요. 얼마나 대견한지 몰라요. 책을 쉬지 않고는 읽을 수가 없었어요. 읽다가 가슴이 먹먹해지고, 읽다가 내 몸이 아파 오고, 읽다가 분노 같은 게 치밀어 오르고 해서요.

꿋꿋하게 상처 속에서 살아난 수연 씨가 정말 이뻤어요. (중략) 성폭력을 당한 후 성폭력 당한 여자는 어떻게 살아가야 하는가를 알아보려고 도서관 하나를 다 뒤졌으나 책 한 권이 없었다는 어느 성폭력 생존자의 글을 읽은 적이 있어요. 이제 수연 씨의 이야기가 그들의 삶을 일으켜 주는, 그들의 상처를 치유해 주는 약이 될 거예요. 고맙다는 말 꼭 전하고 싶네요."

제가 경찰청 워크숍에서 만난 김영서 강사가 바로 은수연 작가입니다. 《눈물도 빛을 만나면 반짝인다》도 2020년 '은수연'이라는 필명 대신 '김영서'라는 본명으로 개정판이 출간되었고요. 미투운동은 성폭력 생존자들의 목소리가 터져 나올 수 있는 자리를 열어 주었습니다. 덕분에 성폭력 생존자의 목소리를 비난이나 편견 없이 온전히 들어 주는 듣기의 공동체가 여기저기서 만들어졌지요. 그 변화가 은수연 작가로 하여금 김영서라는 본명을 다시 찾도록 했습니다.

김영서 작가와는 만난 순간부터 잘 통했어요. 워크숍 만찬에서 와인을 나눠 마시면서, 또 광주로 내려오는 기차에서 우린 많은 이야기를 나눴습니다. 새벽에 달리기를 한다는 제 말을 덥석 잡은 김영서 작가가 바로 다음 날부터 저와 새벽에 만나 달리기를 했을 만큼 우리는 친해졌지요.

제가 목격한 김영서 작가는 자기의 힘으로 상처와 폭력에서 꿋꿋하게 걸어 나와 명랑한 삶을 사는 위대한 사람입니다. 그녀가 살아온 시간에 감히 온전히 공감할 수는 없겠지만 생존자로서 성실하고 힘차게 삶을 달리고 있는 모습이 얼마나 많은 사람에게 희망이 되어 줄지 상상하면 가슴이 뛸 정도로 좋답니다.

김영서 작가는 강의 현장에서 자신의 책을 읽고 힘을 얻었다는 사람들의 이야기를 많이 전해 듣는다고 해요. 성폭력 피해에 갇히지 않고, 사회가 요구하는 피해자다움을 벗어나 살고 있는 김영서 작가의 모습이 상처를 치유하고 자기만의 삶을 살아갈 생존자들에게 큰 의미가 되는 거죠. 2014년에 제가 블로그에 남긴 기록처럼, 어떻게 살아야 하는지 참조점을 찾아 헤매고 있던 성폭력 생존자들이 현실에서 김영서 작가와 동시대에 살고 있음을 확인하며 위안을 얻습니다.

여러 번 강조하지만, 강간문화가 강력한 이 사회에서 여성이 피해자가 되지 않을 가능성은 작습니다. 피해자의 상처와 아픔에 공감하는 것부터 피해자를 믿고 응원해 주기까지, 우리가 함께할 이유는 충분합니다.

우리나라 다큐멘터리 〈애프터 미투〉에서 아홉 살에 성폭행을 당한 한 여성은 그로부터 40년이 지난 뒤에야 넓은 들판에 섭니다. 고향의 생가 앞 아무도 없는 밭 가운데 스피커를 세워 두고 마이크를 들고 서서 그는 힘차게 또박또박 말합니다. 자기 연민에 빠지지 않고 눈물도 흘리지 않고 분명한 언어로 성폭행범이 자신의 삶에서 무엇을 빼앗아 갔는지, 그동안 얼마나 안간힘을 쓰며 살아왔는지. 그리고 지금 그대로의 자신을 사랑하고 있노라고 세상을 향해 외칩니다. 그렇게 할 수 있기까지 40년이 걸린 거예요. 스피커를 통해 그녀의 목소리가 쩌렁쩌렁 퍼져 나가던 들판을 오래 보았습니다. 듣는 사람 한 명 없던 삭막한 들판은 스스로 삶을 소외시켰던 마음의 자리이기도 하며, 자기 삶만 부지런히 걷느라 다른 존재에 대해서는 귀를 막고 있던 사회이기도 합니다. 부디 주인공의 외침을 듣고 사람들이 자기 안의 황무지를 향해 그 외침을 들려주길 바랐습니다. 주인공의 말하기에 용기를 얻어 우리도 마음속을 들여다보게 되길요. 생존자의 이야기를 잘 듣는다는 것은 피해 경험에 공감하는 것을 넘어 그 이야기를 통해 스스로 소외시켜 왔던 자신의 것들을 성찰하는 데까지 나아가는 일입니다. 이것이 미투를 아름다운 혁명이라고 말하는 이유입니다.

성찰의 눈을 갖도록 돕는
일에 관하어

어느 성폭력 생존자는 책에서 자신이 성폭력 가해자를 처벌할 수 있다면, 가해자가 자기 행위를 부끄러워할 수 있는 성찰의 눈을 갖도록 하고 싶다고 말했습니다. 자기의 행위가 얼마나 큰 폭력이었는지를 깨닫고 진심으로 용서를 구하도록 하는 성찰의 능력을 '처벌'로 부여하고 싶다고 말입니다.

사법적 처벌과 별개로 가해자들도 성찰을 통해 더 나은 방향으로 나아갈 수 있다면, 그들이 폭력과 비폭력을 구분해서 폭력 행위에 대한 철저한 반성을 스스로 이뤄 낸다면, 성폭력 범죄가 줄어들지 않을까 하는 생각을 합니다.

2016년 미국 테드 강연에서 성폭력 피해자와 가해자가 나란히 연사로 나서서 크게 화제가 된 적이 있습니다. 이들의 이야기는 책으로 쓰여져 우리나라에도 《용서의 나라》라는 이름으로 출간되었죠. 이 책의 두 저자는 성폭력 가해와 피해를 받아들이며 앞으로의 삶을 찾기 위해 함께 나섭니다. 불가능해 보이는 일을 두 사람은 수년에 걸쳐 차분하게 이뤄 냅니다.

그녀 나이 열여섯, 그의 나이 열여덟에 '강간'이라고 명명되는 일이 일어납니다. 그 일이 일어난 후 남자는 자기 나라로 떠났고, 남겨진 여자는 오랫동안 우울증과 알코올중독, 섭식장애와 기억의 고통 속에서 지냅니다. 9년 후에 그녀는 그때의 일로 지금 얼마나 힘겹게 살고 있는지를 편지에 담아 남자에게 보냅니다. 첫 편지를 보낸 후 기대하지 않았던 남자의 답장이 도착합니다. 둘은 그때의 사건이 각자의 삶을 어떻게 변화시켰는지, 그 사건을 이겨 내기 위해 어떤 고통의 시간을 보냈는지 이야기하며 8년간 300통의 편지를 주고받게 됩니다. 그리고 만나서 이야기하는 시간을 갖자는 결정을 내리고, 각자 살고 있던 아이슬란드 레이캬비크와 오스트레일리아 시드니의 중간 지점인 남아프리카공화국 케이프타운으로 향합니다.

그들은 '강간 공화국'이라는 오명을 가진 남아프리카공화국에서 일주일간 머물며 자신들에게 가해자와 피해자라는 이름을 부여한 그때의 강간을 통렬하게 성찰합니다.

"내가 너와 연락을 유지해 온 건…… 무엇보다 네 상처가 아물기를 바라서였어. 나 스스로에겐 별로 희망을 갖고 있지 않으니까. 너도 알다시피 나는 나를 십자가에 못 박고 채찍질하며 지냈어. 넌 내 푸념을, 행복을 지탱해 주는 자기애는 말할 것도 없고 용서의 가치도 없는 놈이 나라는 말을 몇 년이나 들어 줘야 했고 말이야. 처형장에서 손을 들어 올리고 '내가 그랬어요. 내가 저 여자를 강간하고 내 가문의 수치가 되었으니 나를 본보기로 삼아 주세요'라고 소리치고 싶은 때도 몇 번 있었어. 드라마틱하지. 그렇게 해야 내 죄에 걸맞은 선고가 될 수 있을 거라고 느꼈어. 내가 기소된 적도 없다는 걸 감안하면 말이야. 나는 지구 반 바퀴 떨어진 곳에 있으니 형을 선고받은 적이 없잖아. 제길, 내가 너와 말을 안 하기로 마음먹었다면 내 과거 행위로부터 감쪽같이 숨을 수도 있었겠지. 네가 나를 지목해서 수색 운동을 벌이지 않는 한, 나는 늘 하던 대로 오스트레일리아를 쏘다니고 있었을 거야."

"네 말이 맞아. 넌 숨어 버릴 수도 있었어. 마찬가지로 나도 내가 당한 일을 드러내지 않을 수도 있었어. 그랬다면 그 과정에서 많은 걸 잃었을 수도 있지. 부인(否認)이란 잔인한 주인과도 같아." 흉터를 보면서 내가 덧붙였다. "그랬다면 내가 지금 살아 있기나 할지 누가 알겠어?"

그가 고개를 끄덕였다. "수년 전에 너의 제안을 무시했다면

202

어쩌면 난 그 돌로 날 쳐 죽였을지도 몰라. 네가 그 카페에
있었던 시간, 편지를 쓴 그때, 너와 나의 삶에서는 그때가
세상의 축, 아니 그 이상이라고 해도 과언이 아니겠지. 그
모든 것이 달라져 버린 때니까."

토르디스 엘바, 톰 스트레인저, 《용서의 나라》에서

증오와 부끄러움으로 점철된 지난 시간에서 스스로 걸어 나
온 두 사람은 서로에 대한 이해를 기반으로 진정한 용서에 이
르게 되지요. '강간'의 사건을 함께 성찰하는 과정을 통해 피
해자는 삶을 멋지게 살아 낸 생존자로, 가해자는 더 나은 존재
가 되려 분투하는 성찰자로 한 발짝 움직이게 됩니다.

"피해자의 고통을 치유하려면 가해자를 지금보다 엄격하게
처벌해야 하지 않을까요?"

성교육 현장에서 성폭력 범죄를 주제로 대화를 나누다 보면
자주 나오는 질문입니다. 성폭력 가해자에 대한 사법 처벌은
더 강화되어야 합니다. 우리 사회의 양형 기준은 터무니없이
낮으니까요. 그러나 엄격한 처벌과 별개로 가해자에게 철저한
반성과 피해자에 대한 진심 어린 용서도 요구되어야 합니다.
가해자가 우리 사회의 성폭력 문화를 변화시키는 역할을 하게
해야 합니다. 앞서 성폭력 생존자의 말처럼, 저는 이것이 성폭

력 가해자에게 주어지는 진정한 처벌이 아닐까 합니다.

'용서의 나라'에 이른 두 저자는 특별한 사람일지도 모릅니다. 성폭력 가해자가 피해자를 비난하고 자신의 억울함을 주장하는 경우를 많이 봐 와서인지 그 둘의 이야기는 꿈같은 이야기로 들립니다. 만약 우리가 어렸을 때부터 자신이 한 실수나 잘못에 대하여 반성할 기회를 얻는다면, 자신의 잘못을 진정으로 뉘우치면 더 나은 존재로 성장할 수 있다는 메시지를 들었다면 어땠을까요? 잘못을 저질렀을 때 자기 행위로부터 도망가기보다 잘못을 직면하고 인식하면서 제대로 된 사과를 기꺼이 하는 존재가 되지 않았을까요?

우리 사회의 성폭력 문화를 변화시키려면 성찰하는 개인들이 많아져야 합니다. 성찰하는 마음을 가지도록 돕는 일, 잘못을 해도 더 나은 존재로 성장할 기회를 얻을 수 있다고 확신을 주는 일이 일상의 성교육에서도 이루어져야 합니다.

세상에는 더 많은
앨라이가 필요하다

얼마 전 한국성적소수자문화인권센터에서 메일을 한 통 받았습니다. 메일에는 전국에 있는 '앨라이 선생님들에게' 전하는 후원 회원 모집 소식이 담겨 있었습니다. 후원 회원이 늘어야 활동가들이 안정적으로 일할 수 있으니까요. 메일을 다 읽기도 전에 가입 신청서부터 작성했습니다. 진작 했어야 할 일을 이제야 한다는 미안한 마음으로요.

'앨라이'는 성적 소수자 집단의 당사자는 아니지만 성적 소수자들의 권리를 옹호하고 지지하는 사람입니다.* 저는 2년 전

---

* 성소수자인권단체 '비온뒤무지개재단'에 따르면 '앨라이'는 "넓은 의미에서는 사회 속의 차별을 관심있게 찾아보고 그 차별을 없애기 위해 고민하고 행동하는 모든 사람을 일컫는 말"입니다. 성소수자와 관련해 앨라이는 "동성애자, 양성

한국성적소수자문화인권센터 '앨라이 되기' 워크숍에 참가해 성적 소수자의 동료 시민으로 살아가기 위해 알아야 할 것들을 교육받은 경험이 있습니다.

저는 실수할까 두려워 말을 고르고 망설이는 소심한 앨라이입니다. 성소수자의 인권을 옹호하고 지지하겠다는 다짐을 가지고 노력하는 사람이기는 하지만 아직 멀었습니다. 시스젠더이자 이성애자인 제가 성소수자에 대한 편견과 고정관념이 묻어 있는 언어를 쓰거나 그들을 그런 언어의 프레임 속에 가두지 않을까 생각하면 두려워집니다.* 아무리 주의해도 실수를 할 수밖에 없는 존재임을 잊지 않으려 합니다.

언젠가 신문에서 청소년 성소수자의 인터뷰를 읽은 적이 있습니다. 학교 성교육 시간에 성소수자에 대한 언급을 거의 듣지 못하고 있는데 그것만으로도 소외감을 느낀다고, 자신이 비정상의 존재로 치부되는 것 같아서 괴롭다는 내용이었습니

애자, 트랜스젠더를 비롯한 다양한 성적 소수자들의 인권 개선을 지원하고 차별에 반대하여 모두가 평등한 사회가 만들어져야 한다고 믿는 사람들"이에요. 꼭 이성 애자거나 비트랜스젠더일 필요는 없습니다. 비온뒤무지개재단은 '나는 앨라이입니다'라는 캠페인을 벌인 바 있습니다.

* '시스젠더'는 태어나면서 지정받은 성별이 자신의 젠더 정체성과 일치하거나 스스로 그렇다고 정의하는 사람들을 일컫습니다. 여성의 신체로 태어났고 스스로 여성이라고 여기고 있다면 시스젠더입니다.

다. 그 인터뷰를 읽고 성교육 시간에 깊이 다루지는 못해도 지나치지 않고 꼭 성소수자의 존재에 대해서 이야기해야지 결심했습니다.

교육부가 2022년 개정 교육 과정에서 '성평등'을 삭제하면서, 성소수자 청소년들은 안전하게 자신의 정체성을 탐색하고 존중받을 최소한의 공간조차 잃게 되었습니다. 저는 지금이야말로 성소수자에 대한 혐오문화로 위축되고 소외될 청소년들에게 어른들이 새로운 자리를 열어 줘야 할 시기라고 생각합니다. 청소년 성소수자들이 학교에서 혐오와 폭력에 상처받는 모습을 그냥 두고 볼 수 없습니다. 가족과 이웃의 어른들이 성소수자를 긍정하고 지지하는 언어를 공부해서 전해야 합니다.

《성소수자 지지자를 위한 동료 시민 안내서》에는 성소수자 대학생의 사례가 나옵니다. 미국의 작은 도시에 사는 대학생은 게이라는 자신의 정체성을 어디에서도 존중받지 못해 자살까지 생각하고 있었는데요, 수업을 들으러 간 대학 건물의 복도를 지나다가 어느 교수의 방문 앞에 붙어 있던 무지개 스티커를 봅니다. 무지개 스티커는 성소수자에게 안전한 공간임을 나타내는 상징입니다. 그 뒤로 외롭고 두려울 때마다, 죽고 싶은 마음이 생길 때마다 학생은 무지개 스티커가 붙은 교수의 방 앞에 서 있었다고 합니다. 힘을 얻으려고요. 문을 두드려 들어가지는 않았어도 무지개 스티커만으로 누군가가 성소수자인 자신을 지지하고 있다는 사실을 알 수 있었고 그것이 희망을 주었다는 겁니다. 무지개 스티커를 붙여 둔 교수는 자신이 누군가에게 살아갈 용기를 주었다는 사실을 알고 있을까요? 무지개 스티커의 힘을 믿고 있었을까요?

여기에도 우리가 해야 할 역할이 있습니다. '나는 당신의 정체성을 존중합니다. 성소수자의 권리를 지지합니다. 사회적 차별에 반대합니다'라는 시그널을 주변에 보내는 거예요.

언젠가 보았던 단편영화 〈여왕의 집〉의 주인공 태식은 아기자기한 멋이 가득한 게스트하우스를 운영하면서 딸과 함께 살고 있습니다. 혼자 집안일을 하던 태식이 딸의 방에서 가발을 찾아 쓰고 화장을 곱게 하고 딸의 옷을 입고 춤을 추다가 일찍 돌아온 딸과 마주칩니다. 충격을 받은 듯 자기 방에 들어간 딸은 곧 아빠를 방으로 불러 곱게 다시 화장을 해 줍니다. 그리고 이쁘게 단장한 아빠와 사진을 찍고 그 사진을 보며 활짝 웃습니다. 그러고는 머뭇거리며 변명하려는 아빠를 꼭 껴안아 주면서 이렇게 말합니다.

"아빠 있잖아. 내가 아직 모르는 게 많지만 원하는 거 있으면 말해 줘. 나한테는 말해도 괜찮아."

이것이 바로 성정체성으로 갈등하고 있는 성소수자의 곁에 머무는 사람들이 해 줄 수 있는 힘 있는 말입니다. "나는 안전한 사람이야. 네 이야기를 들어 줄 준비가 되어 있어." 이런 말들이 통하는 공간이 중요합니다.

"너 게이냐?" 하는 말이 욕이 되는 사회여서는 안 됩니다. 성소수자를 지칭하는 말이 사람을 모멸스럽게 하고 위축시키는 말로 오가는 현실에서 성소수자들은 벽장 속에 숨어 있을 수밖에 없습니다. 자기 존재를 솔직하게 드러낼 수 없다는 것 자체가 강력한 억압이고 차별입니다.

> "당신이 성소수자에 대해 잘 모른다면 주변의 성소수자 당사자에게 물어보라. 그러나 혹시 이 글을 읽고 있는 당신의 주변에 당신이 알고 있는 성소수자가 아직 한 명도 없다면, 혹시 당신이 그렇게 편협한 사람으로 인식되어 그가 자신을 드러내길 꺼리고 있는 것은 아닌지 생각해 볼 필요가 있다."
>
> **함께 걷는 바람, 〈학교가 차별이 아닌 존엄을 가르치는 공간이 될 수 있다면〉에서**
> **(이윤승 외, 《별별 교사들》 수록)**

저는 성소수자가 등장하는 책이나 영화를 보고 나면 되도록 리뷰를 써서 소셜미디어에 올려 둡니다. 제 나름대로 앨라이로서 시그널을 보내는 활동입니다. 성소수자를 배제하고 차별하는 언어가 넘치는 사회를 바꾸려면 다른 언어를 부지런히 흘려보내야 합니다.

어떤 이가 여러분에게 커밍아웃을 한다면 그건 여러분이 그에게 아주 큰 믿음을 줬다는 의미랍니다. 이럴 땐 어떤 말을 더 해 줘야 하나, 혹시 말실수를 하면 어쩌나 걱정하지 말고 상대가 하는 이야기를 찬찬히 들어 주면 됩니다. 침묵이 무겁게 느껴진다면《성소수자 지지자를 위한 동료 시민 안내서》에 안내돼 있는 대로 이렇게 말해 보세요.

"고마워. 믿고 말해 줘서."

"중요한 이야기를 해 주었네. 우리 관계가 안전하다는 의미겠지. 기쁘다."

"축하해! 네가 그렇다니 매우 기쁘다."

"이야기하고 싶으면 언제든 내게 해 줘."

"우리 사이엔 아무것도 달라질 게 없단 걸 기억해 줘."

"축하할 일이잖아! 내가 맥주 한잔 사도 될까!"

"확실해? 그저 지나가는 일일 수도 있어." 이런 말은 하지 말아야 합니다. 살아온 대로 아는 대로 말하지 마세요. 모르면 배워야지요. 존중의 언어를 성실하게 배워서 우리 주변의 공간부터 안전하게 만들면 좋겠습니다. 세상에는 더 많은 앨라이가 필요합니다.

　성소수자 부모 모임의 유튜브 계정 '비비안의 무지개 식탁'을 자주 봅니다. 얼마 전엔 성별 확정 수술을 하고 성별을 정정한 트랜스젠더 딸을 둔 어머니가 나오셨는데요, 처음에는 집에서 딸이 남성으로 살았던 시절의 사진을 모두 치웠다고 해요. 그게 딸에 대한 예의라고 생각해서요. 그런데 "그때의 나도 나다. 그 시절을 지우고 싶지 않다"는 딸의 말을 듣고 나서는 아들로 지낸 시절의 사진을 집 거실에 두고 지내고 있다고 합니다. 나름대로 '가시화 운동'을 하고 있는 거라고, 트랜스젠더가 여기 있다는 이야기를 하는 것이 중요하다고 말입니다. 이웃들이 집에 와서 가족사진을 보다가 아들은 어디 있냐고 묻는대요. 그러면 "얘가 얘예요. 듬직한 아들로 잘 키워 왔는데, 애 정체성이 남성이 아니라 여성이었대요. 외모가 변했지만 우리 아이는 변한 게 없어요"라고 말씀하신다고요. 대부분의 이웃은 얘기해 주셔서 고맙다고 한답니다.

　소중한 지점입니다. 성소수자 혐오는 잘 모르는 무지에서 나오기도 하는데 이웃집에 놀러 갔다가 뜻밖에 시스젠더와 다름없는 삶을 사는 트랜스젠더의 이야기를 듣게 된다면, 그들의 존재를 가까이서 목격한 것만으로도 혐오는 줄어들 수밖에 없다고 생각합니다. 이 이웃들이 앨라이가 되는 거지요. 성소수자가 안전하게 자신의 이야기를 할 수 있으려면 앨라이의 존재가 더욱 많아져야 합니다. 여러분 각자 자신의 자리에서 앨라이가 되기 위한 공부를 해 주시기를, 앨라이라는 시그널을 열심히 보내 주시기를 당부드립니다.

그럼에도
나아가겠다는 결심

지역의 청년들이 저를 인터뷰하겠다고 찾아왔습니다. 첫 번째 질문은 자신을 한 문장으로 표현해 달라는 것이었어요. 저는 이렇게 답했습니다. "삶 속에서 힘을 찾아 기어이 전하는 사람"이라고요. 답을 고를 시간도 없이 즉흥적으로 나온 말이었는데, 꺼내고 보니 정확한 표현이고 시기적절한 문장이었어요. 내 입으로 나온 문장이 내게 다시 힘을 주더라고요. 전 어려운 과제를 받아도 그 과제를 헤집어서 힘을 찾으려는 사람입니다. 이걸 어떻게든 내 주변의 사람들에게 전하려고 애씁니다.

저희 엄마가 얼마 전에 폐암 선고를 받으셨어요. 슬픔 속에 빠져 있던 며칠이었는데 생각을 해 봤어요. 만약 내가 암에 걸린다면 내 아이들이 용감하게 이 시간을 건너가길, 일상을 무너뜨리지 않고 더 정성껏 살아 내기를 바랄 거라는 마음이 보였어요. 그래서 저도 용감해지기로 다짐했습니다.

"항아, 어제 식당에서 막걸리 한잔 같이 마시고 사람들이랑 막 웃는데, '아, 맞다. 내 몸에 병이 있지. 나 아픈 사람이지' 하는 생각이 퍼뜩 드는 거 있지. 잠깐 잊고 있었지 뭐냐."

"엄마, 잘했어. 그렇게 웃고 지내자. 수술할 시간 다가오면 또 씩씩하게 잘 해내면 돼. 우리 용감하게 해 나가자. 인생 뭐 있어? 별거 아니라고 생각하자. 누구에게나 오는 일, 고기도 잘 구워 먹고 팔 저어 가며 씩씩하게 걷고 잘 지나가 보자."

가만히 생각해 보니 삶 속에서 힘을 찾아 기어이 전하는 마음은 엄마에게 배운 거였어요.

가난했던 시절, 엄마는 남의 집 이불을 대신 빨아 주는 일을 해서 생계를 이어 갔습니다. 마당에 펄럭이던 남의 집 하얀색 이불은 지금도 기억 속에서 펄럭이고 있어요. 빨래를 되게 한 날이면 엄마는 앓아누우셨어요. 우리 집 마당 빨랫줄에 걸린 남의 집 이불이, 유난히 하얗던 그 이불들이 싫었습니다. 언젠가 엄마가 그 시절의 이야기를 해 주신 적이 있어요.

"남의 집 빨래할 때 느그 큰엄마 집 빨래도 해 줬다 아이가. 내가 빨래를 널고 있으면 동네 사람들이 수군거렸다, 남편 바람 나고 집에 서방도 없는 년이 빨래를 널어도 꼭 남자 옷부터 넌다고.”

“엄마는 그런 말을 듣고 어떻게 참고 사셨어?”

“참아야지 우짜노, 그노무 욕이 배 따고 들어오는 것도 아니고, 밥 먹여 주는 것도 아닌데.”

“그노무 욕이 배 따고 들어오냐”는 말은 엄마가 저에게 지어 입혀 준 갑옷 같은 언어입니다. 사람들 시선에 착하게 머물고 싶어서 전전긍긍할 때, 가난한 게 싫어서 남들 눈치 볼 때, 엄마가 단호하게 해 준 말씀이 “그노무 욕이 배 따고 들어오냐”였어요. 엄마의 말을 들으면 좀 딴딴해지는 기분이 들었답니다. 그 말이 다른 사람의 시선이나 평가 따위에 의연해지도록 도와줬어요.

어른이 되어도 사는 게 문득 두려워질 때가 있습니다. 가끔 강의장을 빠져나올 때 유난히 차갑던 눈빛이 떠올라 어깨가 허물어지거나 다른 사람들에게 칭찬받지 못해서 서운해질 때, 나만 못난 것같이 느껴질 때 엄마의 말을 걸쳐 입으면 괜찮아지곤 했습니다. 남이 나에 대해 하는 말, 나에게 하는 욕은 배를 따고 들어오지 않는다는 것을 명심하고 다른 사람의 평가, 비난, 이런 것은 내 삶에 들이지 않겠다고 마음먹었습니다.

엄마처럼 살지 않겠다고 다짐하던 어린 시절을 지나 이제 엄마의 나이가 되어 살아 보니, 엄마처럼 사는 것도 어렵다는 것을 깨닫습니다. 예전에는 엄마에 관해 가부장제가 부여한 역할에 순응하며 살아왔을 뿐이라고 여겼어요. 엄마의 삶을 그렇게 납작한 언어로 표현할 수 없다는 것을 이제 알겠어요. 엄마는 엄마로서 아내로서 시대가 요구하는 여성의 자리에서 자신이 할 수 있는 최선의 힘을 내 오신 거예요. 사람들이 엄마의 삶에 대해 뭐라고 말하든 엄마는 자기만의 언어로 집을 짓고 살아오셨던 겁니다.

> 모든 일의 시작은 결정이에요. 아직 내 곁에 남아 있는 것들을 지키며 나아가겠다는 결정, 평생을 살며 알고 지낸 것보다 더 좋은 것을 세상에 남기겠다는 결정, 아직 마음 한구석에는 부끄러운 마음이 있고 완전히 변할 수 없을지라도, 이제는 가면을 벗고 자신에게 억지 부리지 않고 싸우겠다는 결정, 덕분에 세상은 좀 더 나은 곳이 되고 나도 더 나은 사람이 될 테지요. 아직 상처는 그대로지만요. 비록 아직도 머나먼 꿈 같고 치료 과정은 아프고 힘들지만 미래를 바라보겠다는 결정.
>
> 〈인티머시〉에서

스페인 드라마 〈인티머시〉의 마지막 내레이션입니다. 사회적 폭력의 피해자에 머무르지 않고 생존자로서 위엄 있게 나아가기로 결정한 용감한 사람들의 힘이 어찌나 강렬하던지요.

216

차별과 폭력이 만연한 사회에서는 어깨 펴고 당당하게 앞만 보고 걸어가기가 어렵습니다. 자꾸 위축되고 자기를 믿지 못하게 됩니다. "힘내"라는 말도 개인에게 모든 문제의 해결을 맡기는 것 같아서 조심스럽습니다. 사회가 바뀌어야 하지만 마냥 기다릴 수도 없습니다. 우리는 당장 오늘을 힘내서 살아갈 에너지가 필요하니까요.

강의장에서 저는 변화를 위한 개인의 결심을 자주 말합니다. 글을 쓰면서도 변하겠다는 단단한 결심을 드러내려고 합니다. 스스로 결심하고 결심을 아주 작은 실천으로 옮겨 내자고 말하다가도 가끔 회의에 빠질 때도 있지만 말입니다. '성폭력이 이렇게 많이 일어나는 사회에 살면서 사랑이나 존중이 전제된 성관계를 말하는 것이 무슨 의미가 있을까? 성폭력을 먼저 해결하는 데 힘을 쏟아야 하는 거 아닌가?' 하는 회의에 빠집니다. '권력과 힘의 차이가 분명한 위계관계를 그대로 두고 누가 과연 동의를 실천할 수 있단 말인가? 사회구조의 변화를 도모하는 실천 대신 개인의 변화를 다루는 일이 의미가 될 수 있을까?' 그런데도 제게 용기를 주는 마음속 다른 목소리를 듣습니다. 폭력이 만연한 사회구조를 바꾸는 일도 한 사람의 가장 구체적인 실천으로부터 시작된다는 것, 일상의 세계에서 살아가고 있는 여성과 남성 중에는 진짜 사랑과 배려의 성관계를 알고 싶고 배우고 싶어 하는 이들이 있다는 것, 사랑이라는 실천이 폭력적인 구조를 조금씩 바꿔 가는 자극점이 된다는 것, 사람은 매우 입체적이고 복잡하고 다층적이라 사회가 요구하는 역할에 충실하면서도 자기 자신을 찾고 싶은 욕망들을 품고 있다는 것, 폭력을 이기는 힘은 결국 사랑을 관계 속에서 실천하는 사람에게서 나온다는 것, 사랑은 연습해야만 커진다는 것. 마음속 다른 목소리가 하나씩 짚어 주는 사실들에 기대서 힘을 내 봅니다.

"나 하나 변한다고 뭐가 달라지겠어?"라는 말보다 "그럼에도 불구하고 할 수 있는 일을 찾아서 뭐라도 해 보자"는 말을 더 좋아하고 실천하는 사람, 더 나은 존재가 되겠다고 결심하는 사람이 이 사회의 풍경을 다르게 만들 거예요. 그러니 지금 조금씩 나아갈 수 있는 만큼, 더 나은 방향을 향해, 달라지겠다는 결심이 시작입니다.

보여 주기 위한 몸 대신
움직이는 몸으로

새벽에 힘차게 달리고 들어오는 길입니다. 새벽마다 어둠을 헤치고 달리다 보면 나의 시간을 틀어쥐고 내가 원하는 방향으로 움직여 간다는 실감을 할 수 있습니다.

언젠가 내 운동의 역사를 이야기해 줘야겠다고 생각하고 있었습니다. 누구에게요? 지금 열심히 몸의 세계로 걸어 들어오기 시작한 이들에게요. 과거의 저는 상상 못 할 일을 지금 하고 있거든요. 평발이라서 5분 걷기도 힘들어했던 제가, '내려올 건데 산에는 왜 올라가니?' 했던 제가 걷기 8년, 수영 2년, 근력 운동 1년 반을 거쳐 지금의 달리기까지 몸의 세계에서 성실한 시간을 쌓아 가고 있습니다.

새벽 달리기는 지금 저에게 딱 맞는 운동입니다. 일어나서

운동부터 하는 이유는 오늘 하루 힘내서 잘 지내기 위해서입니다. 에너지를 충전하는 거지요. 친절함도 체력에서 나오고, 뭘 하고 싶다고 꿈이라도 꾸려면 몸에 힘이 있어야 합니다. 살을 빼기 위해서가 아니라 힘을 찌우기 위해서, 멋진 몸을 조각하기 위해서가 아니라 삶을 나답게 꾸려 가기 위해서 운동을 하고 있습니다. 운동은 자기를 돌보는 방법이기도 합니다.

"아니 얼마나 살을 빼려고 그렇게 열심히 운동하시나요?"

이렇게 묻는 분들도 있습니다.

"살 빼려고 운동하는 거 아니고요, 힘을 기르려고 하는 거예요" 하고 답하면 이런 반문이 나오지요.

"힘이 세지면 어디다 쓰려고요?"

질문의 형식을 띠지만 답을 듣기 위해 던진 말이 아니라는 건 알아요. 여자와 힘은 우리 사회에서 연결고리가 생기지 않는 낯선 조합이니까요. 우리 사회에서 힘이 세다는 것은 남과의 힘겨루기에서 이긴다는 것을 의미합니다. 액션영화에서 재현되는 장면 같은 것들이 힘에 대한 상상력을 납작하게 만들어 버렸거든요.

힘을 쓰고 싶은 데가 많습니다. 남의 기준에 맞추지 않고 내가 원하는 모습대로 살아가는 데도 쓸 힘이 필요하고, 한 시간이라도 더 책 읽기에 집중하려면 힘이 있어야 합니다. 남들이 나를 비난해도 휘청이지 않고 나를 믿을 힘도 있어야 하고, 술 마신 다음 날에도 하루의 루틴을 흩트리지 않을 만큼의 힘이 있길 원합니다. 힘이 넉넉해서 미래를 낙관하는 것에도 쓸 수 있기를 희망하고요.

나답게 사는 데 이처럼 많은 힘이 필요한데 운동이 아니라면 이 힘을 어디서 구할 수 있을까요? 책 속의 문장, 의지로 다져 놓는 마음만으로는 살기에 넉넉한 힘을 모을 수가 없었어요. 해 보니까 몸을 움직여서 만드는 힘이 가장 셌고 오래갔어요. 저장성도 좋아서 움직이는 대로 몸에 힘이 붙었어요. 원하는 대로의 삶에 더 가까워지려고 운동을 합니다. 힘이 아주 세졌으면 하는 열망을 품고 말입니다.

진보의 아이콘으로 많은 사람들의 존경을 받던 멋진 여성, 여성과 소수자 인권에 관해서라면 어설픈 중립을 단호하게 거부하고 분명한 목소리를 냈던 루스 베이더 긴즈버그 미국 대법관은 암 투병 중에도 일주일에 두 번은 반드시 근력 운동을 했다고 합니다. 자기가 떠나면 대법관 자리에 보수적인 사람이 올 것을 걱정해 더 치열하게 몸을 단련했다고 해요. 87세에 타계한 긴즈버그 대법관의 장례식장에서 트레이너가 했던 세 번의 팔굽혀펴기는 그와 긴즈버그가 20년을 매일같이 지켜온 루틴이었다고 합니다. 세상을 조금 더 나은 상태로 밀고 나가려는 분투, 사회적 약자를 먼저 돌보려는 태도, 불평등과 차별에 관해 단호하게 입장을 밝히는 용기, 자신과 반대편에 서 있는 보수 인사들에게도 우정과 존경을 받는 인간미는 체력을 단련하면서 키웠던 거예요.

운동은 자기 의심을 이기는 과정입니다. 어려운 단계에 도전해서 원하는 결과를 하나씩 성취해 가며 자신에 대한 의심을 믿음으로 바꿔 가는 일이 운동이에요. 몸이 증명해 주는 자신에 대한 믿음이 삶 전반으로 확장되면 더 나은 존재가 되는 겁니다. 변화의 시작은 몸을 움직이는 것입니다.

운동하는 여자들은 무엇이든 하고 어디든 갈 수 있습니다. 힘이 있으니까, 자기 믿음이 있으니까요. 운동은 바로 이 힘을 키우는 구체적인 행위입니다. 페미니스트 작가 리베카 솔닛도 걷기를 정말 사랑하는 사람이랍니다. 더 나은 사람이 되고 싶은 열망이 다글다글 끓을 때, 강해지고 싶을 때 무작정 걷고 또 걸었다네요. 여성의 공간은 집이라고 정해 준 시대를 살면서도, 집 밖의 세계는 위험하다는 실감을 날마다 겪으면서도, 지지 않고 나아가 걷는 구체적인 경험은 솔닛에게 힘을 주는 가장 선명한 행위였답니다. 한발 내딛는 일이 가져오는 변화는 어마어마합니다.

제가 늘 하는 말이 있습니다. 꼭 믿는 말입니다. '누구나 자기 안에 거대한 힘을 품고 있다'는 말입니다. 경쟁 중심의 사회에서 생존하려 애쓰다 보면 자꾸 위축됩니다. 능력이 부족한 것 같다는 생각, 뒤처지고 있다는 불안함이 누적되면 미래를 꿈꿀 힘도 줄어들 수밖에 없어요. '내가 뭐가 될 수 있겠어?' 미래가 암담하게 느껴지지요. 저도 자주 빠지는 함정입니다. 저만의 비법이 있는데요. 자기를 부정하는 함정에 빠질 때면 일부러 자기계발서를 찾아 읽습니다. 자기계발서에는 에너지가 가득하거든요. 새벽부터 일어나 치열하게 자기 삶의 사이즈를 키우기 위해 노력하게 합니다. 읽으면 딱 한 가지만 실천합니다. 매일 걷자든가, 긍정적인 말을 해 주자든가, 설거지를 제때 하자든가, 쉬운 실천을 찾아서 해 나가는 것이 중요한 포인트입니다.

하다 보면 자신을 믿을 수 있는 눈에 보이는 증거가 생깁니다. '어, 나도 하면 되는구나' 하는 감각을 얻습니다. 이 감각을 얻으면 미래에 이루고 싶은 꿈을 조금 더 크게 꾸게 됩니다.

완경을 기다리며

가부장제 사회에서 완경기의 몸에 대해 목소리를 내는 것
보다 더 크고 확실한 페미니즘적 행동은 없는 듯하다.

제니퍼 건터, 《완경 선언》에서

아, 이번에도 어김없이 월경이 시작되었네요. 친구들보다
초경이 늦었던 저는 초경도 기다렸었는데 이제는 완경을 기다
리고 있습니다. 며칠 늦어지면 혹시 이 순간이 마침내 완경의
순간인가 마음이 들썩거리곤 하는데 어김없이 피가 비치네요.
아직은 아닌가 봅니다. 다음 달을 기다려요. 왜 이렇게 기다리
냐고 묻는다면…… 일단 월경이 귀찮아요. 월경을 한다고 운
동을 못 하거나 행동을 더 조심했던 적은 없지만 이제는 안 하

고 싶어요. 또 임신에 대한 걱정이 전혀 없는 자유로운 상태를 원해요. 임신에 대한 두려움도 너무 긴 세월 품고 있었습니다. 피임을 아무리 확실하게 해도 임신 가능성은 늘 있는지라, 마음이 완벽하게 편안한 상태로 성관계를 해 본 적이 없었던 것 같아요.

여성의 완경과 갱년기를 둘러싼 흉흉한 말들이 크게 들립니다. 갱년기에 겪는 몸의 불편한 증상들이 있고 성적 욕망도 줄어든다고 해요. 여성 호르몬이 줄어들면서 갱년기 여성의 몸이 눈에 띄게 달라진다네요. 많은 여성들이 완경을 두려워하고 더 늦게 오기를 바라는 이유이기도 할 겁니다.

완경기의 몸으로 다가가고 있는, 아니 완경이 되는 그날을 손꼽아 기다리고 있는 사람의 목소리를 내 봅니다. 모든 생애주기에 있는 여성들이 몸에 대해서 자신의 언어로 말하는 것, 자기의 언어대로 몸을 움직이고 변화시키면서 힘을 찾아가는 것, 우리 사회가 여성의 몸에 대해 뭐라 하든, 그 언어로 내 몸을 해석하지 않는 것, 이것이 페미니즘이라고 생각해요. 페미니즘을 통하지 않고서는 여성의 몸을 이야기할 수 없습니다.

초경을 시작하는 소녀에게 들려주는 "이제 넌 여자가 됐어"부터 완경을 기어이 '폐경'으로 명명하며 "여자로서의 삶이 끝났어"라고 쐐기를 박는 문장까지, 가부장제에서 여성의 몸은 월경을 하는 동안만 여성으로 인정받습니다. 월경을 하지 않으면, 아기를 낳을 수 있는 가능성의 존재가 아니라면 여성이 아니라는 말인 거지요. 삶의 다양한 맥락이 삭제되고, 우리의 몸으로 경험되는 수없이 많은 일들이 의미 있게 다뤄지지 않는 거예요.

가부장제는 여성의 존재가치를 이렇게 재생산을 기준으로 매기면서 여성의 다른 삶, 생애의 풍성한 경험과 의미를 건너뜁니다. 화나는 대목이지요. 여성의 생명력, 몸의 신비로움은 월경에 깃들어 있는 게 아니라 존재 자체에, 몸 전체에 담겨 있는 것입니다.

여성 호르몬이 줄고, 월경이 멈춰도 나라는 존재는 훼손되지 않습니다. 여성의 역할로부터 자유를 얻을 뿐이지요. 완경을 선언하는 날이 어서 오기를 바랍니다. 월경을 하든 하지 않든 내 몸과 경험과 삶은 달라지지 않을 것입니다. 나의 의지대로 내 몸을 존중할 것이므로 건터의 표현처럼 완경기의 몸에 대한 나만의 목소리, 나만의 경험을 이야기하는 순간을 기다리고 있는 것입니다.

생물학적인 나이 50세, 아직 별다른 증상은 없습니다. 언제고 갑자기 열이 오르거나 식은땀을 흘릴 날도 오리라 마음을 먹고 있습니다.

중년의 시간을 건너고 있는 내 몸의 변화가 어떤 감정을 품고 올지 잘 모르겠지만, 한 시기를 마무리하고 새로운 시기에

진입하느라 겪게 되는 경험들이라면 기꺼이 두 팔 벌려 기다립니다.

《완경 선언》을 읽으면서 내 몸이 어떻게 변할지, 어떤 보살핌이 필요한지 굉장히 구체적인 정보를 구할 수 있었습니다. 덕분에 내 몸과 마음까지 거머쥐는 힘을 준비해 나가고 있습니다. 완경기에 있는 또래의 여성들이 둥글게 모여 '완경 만세'를 부르는 장면을 그려 봅니다. 완경은 더 나은 몸과 마음으로 나아가는, 가부장제의 명령을 벗고 나대로의 삶을 향해 문을 여는 시작점입니다.

월경이 끝나면 여성으로서의 인생도 끝난다고요? 천만에요, 가부장제가 기대하는 여성의 역할이 끝나는 거지요. 이제부터 나다운 삶이 열리는 겁니다. 이것이 해방이 아니고 무엇이란 말인가요? 완경 선언은 해방 선언. 기다릴 수밖에 없습니다.

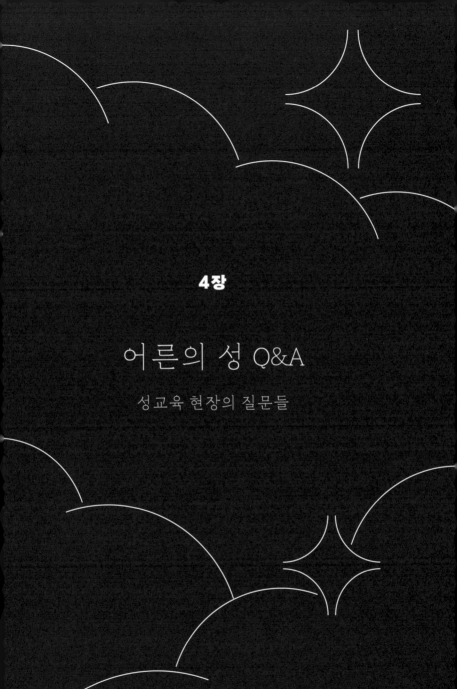

4장

어른의 성 Q&A

성교육 현장의 질문들

Q1.

월경 중에 섹스해도 되나요?

이 문제는 파트너에게 먼저 물어보셔야겠습니다. 월경의 당사자든 그 파트너든 서로에게 동의를 구해야지요. 전문가가 해도 된다고 하면 하고, 안 된다고 하면 안 하실 건 아니잖아요. 또한, 이 단순한 질문 안에도 성기 중심적인 사고가 깊게 배어 있습니다. 섹스를 성기 삽입의 여부로 판단하는 거요.

삽입이 성관계의 목적이고 완성은 아닙니다. 성관계는 굉장히 창의로운 방법으로 다양하게 즐길 수 있습니다. 피가 흐르지 않게 월경컵이나 탐폰을 한 상태에서 가능한 애무 중심의 행위도 충분히 만족감을 주는 섹스랍니다.

삽입에는 신중함이 필요합니다. 월경 중일 때 질은 저항력이 낮아져 균이나 바이러스에 감염되기 쉽다고 의학 전문가들은 말합니다. 월경 중에는 자궁경부가 열려 있고 경부 위치도 평소보다 아래로 내려와 있어서 피스톤 운동으로 다칠 수 있다고 하고요.

신체적인 이유뿐만 아니라 심리적으로도 월경이 시작되면 곁에 사람이 있는 것이 귀찮아질 수 있어요. 따뜻한 이불 덮고 혼자 쉬는 걸 좋아하는 이도 있고요. 매일 하던 운동도 월경 기간에는 하지 않기도 해요. 월경량이 많거나 통증이 유달리 심하거나 몸이 붓는 등 월경 중 양상은 사람의 수만큼이나 다양합니다. 월경 중에 성욕이 왕성해지거나 삽입 섹스를 즐겨 하는 사람도 분명 있습니다. 그러니 꼭 파트너에게 세심하게 의견을 묻고 이를 따라야겠습니다. 월경 중에도 임신 가능성이 있습니다. 콘돔은 필수입니다.

Q2.

질 속에 콘돔이 들어갔어요.

질 속의 콘돔은 자궁이나 다른 장기로 이동하지 않으니 걱정은 내려놓으세요. 질은 거꾸로 된 양말처럼 자궁경부가 닫혀 있답니다. 질 속 어딘가에 콘돔이 있을 테니까 차분히 찾아보면 됩니다. 밖에 흘린 건 아닌지 다시 확인해 보시고요. 모르는 새 질 바깥으로 나와 침구에 있기도 할 테니까요.

질 속에 있는 것 같으면 우선 욕실이나 편안한 장소에서 쪼그려 앉아 보세요. 다리를 벌리고 손가락을 질 안에 넣어서 살살 움직여 가며 찾아보세요. 손톱이 길지는 않지요? 손톱에 질벽이 긁히면 곤란하니까 먼저 손톱부터 잘 깎으시고요. 생각보다 질이 그렇게 넓지는 않아요. 금방 찾아질 거라는 의미예요. 질벽에 붙어 있을 수도 있으니 벽도 살살 건드려 보시고요.

참을성 있게 여기저기 건드려 보면 콘돔이 손에 걸릴 거예요. 그대로 꺼내면 됩니다.

사정 후 빠졌을 테니 응급피임약은 꼭 챙겨 드세요. 콘돔이 빠지면서 정액이 흘렀을 가능성도 있으니까요. 약은 병원에서 처방받아야 합니다. 성관계 후 72시간 내에 먹어야 하고요. 시간이 지날수록 피임 효과는 떨어집니다.

콘돔을 꺼낸 후에 질이 가렵거나 쓰라리면 진료도 받으세요. 염증이 생겼을 수도 있어요. 혹시 아무리 찾아도 나오지 않는다면 산부인과로 가세요.

부끄러워하실 일 아닙니다. 의사 입장에서는 자주 만나는 상황이랍니다. 탐폰이나 콘돔, 혹은 상상하지도 못할 다양한 것들을 꺼내러 오는 사람들이 많답니다.

《마이 스크릿 닥터》의 저자는 질 속에서 넝쿨이 자라나온 경우도 봤다고 해요. 질 속에 감자를 넣어 두면 임신이 되지 않는다고 해서 감자를 넣고 그만 잊고 살았던 여성의 질 속에서 감자 싹이 자라 나온 거였대요. 또 어떤 사람은 질에서 너무 고약한 냄새가 났는데 그 안에 바나나 꼭지가 있었다고 하고요. 바나나로 삽입 자위를 하다가 꼭지가 떨어져 질 속에 남은 거였죠. 콘돔이 질 속에 들어가는 경우는 흔한 경우이니 도움이 필요하면 꼭 진료를 받으셔야 합니다.

Q3.

질의 맛이 궁금해요.

우리 어릴 때는 코딱지를 먹기도 했고 성기를 만지고 냄새를
맡아 보기도 하면서 컸잖아요. 자기 몸이 어떻게 생겼는지, 여
기저기 만져 보고 손가락을 넣어 보고 냄새도 맡고 맛도 보고
하는 것, 다 자기를 탐색하는 과정이었어요. 궁금한 것은 그렇
게 해결해 온 역사를 모두 가지고 있어요. 질에서 어떤 냄새가
나는지, 맛이 어떤지 궁금할 수 있지요. 오럴섹스를 하기도 할
텐데 불쾌감을 주지는 않을지 염려가 되기도 할 테고요. 경험
하지 않은 사람은 더 궁금할 수도 있겠네요.

　정액이 무슨 맛인지 묻는 질문에 직접 먹어 보라고 답을 하
는 것처럼, 궁금하다면 직접 맛을 보라고 할밖에요. 전문가에
따르면 질의 맛도 사람의 체취에 따라, 먹는 음식에 따라, 땀을

흘리는 정도에 따라 다르다고 합니다. 《마이 시크릿 닥터》에는 질의 맛에 대한 다양한 사람들의 답변이 나옵니다. 익은 망고맛, 배터리 맛, 동전, 바닷물, 소금기 있는 비누맛 등이 난다고요.

단, 장미향이 나거나 달콤한 맛이 나면 좋겠다고 향수를 뿌리거나 뭔가 넣는 일만은 하지 않길 바랍니다. 질에서 나는 맛은 그 사람 고유의 것이니 있는 그대로 받아들여야 좋습니다. 민감한 부위에 유해물질을 가하지 말자고요.

Q4.

여성용 섹스토이도 있나요?

동네를 지나다 보면 성인용품점을 만나기도 하지요. '여성들은 들어오지 마시오'라고 문구가 붙어 있지도 않은데 왠지 들어갈 수 없는 배제의 공간으로 느껴집니다. 남성들을 위한 공간일 거라는 짐작은 들고도 남지요. 성인용품이라는 이름 자체도 편견을 품고 있고요. 성적 욕망은 어른들만의 것이라고 고정해 놓은 이름이잖아요.

성적 욕망을 해결하기 위한, 성관계를 돕는 용품을 '성인용품'이라 부른다면 여성이든 남성이든 모두를 위한 것이어야 할 텐데 현실은 주로 남성을 대상으로 한 용품들이 주를 이루고 있습니다. 적절한 용어가 필요합니다. '섹스토이' 정도로 부르면 어떨까 싶습니다.

여성용 섹스토이 산업도 급격히 성장하고 있습니다. 안진영의 책 《혼자서도 잘하는 반려가전 팝니다》를 읽어 보세요. 자기 몸의 기쁨을 위해 안전하게 사용할 수 있는 제품들을 수입 판매하는 저자의 책이라 구체적인 정보를 얻을 수 있습니다. 저자는 "최첨단 하이테크놀로지 4차 산업혁명 오르가슴을 맛보고는 스스로를 사랑하는 셀프 케어로서 성과 자위"에 눈을 떴다고 합니다. 자위 도구를 사용한 지 1분도 안 돼 "클리토리스가 천재지변 같은 천둥 번개 오르가슴을 온몸에 분출하고" "신음이 절로 나고 허리가 휘고 몸을 주체할 수 없음"을 경험한 이후 이 좋은 것을 한국 여성에게 알리겠다는 의지로 사업체를 키워 왔다고 해요. 섹스토이의 종류가 다양하다는 것에도 놀랐고, 섹스토이를 구입해서 쓰고 후기도 남기는 여성들이 많다는 점에도 놀랐습니다. 도대체 저자가 묘사하는 오르가슴이 어느 정도일까 상상도 안 되는데, 손목의 힘만으로 맛볼 수 있는 오르가슴과는 비교가 안 될 정도라니 몹시 궁금합니다.

섹스토이의 경우 안정성 검사가 세밀하게 진행되지 않는다고 해요. 아무래도 연약한 살에 맞닿는 기구이니 환경호르몬 등 유해한 물질이 나오지 않는지 꼼꼼하게 검증한 제품을 골라야 하겠지요. 기본적으로 체크해야 할 사항은 프탈레이트가 함유되어 있지 않은지 살펴보는 겁니다. 프탈레이트는 플라스

틱에 열을 가해 모양을 변형할 때 쓰는 가소제로 발암물질이라고 해요. 또 주의할 점은 비다공성 제품을 골라야 한다는 겁니다. 비다공성은 말 그대로 표면에 구멍이 없이 매끈한 성질이에요. 구멍이 있으면 아무리 세척해도 구멍에 박테리아가 증식할 수 있잖아요. 프탈레이트를 함유하지 않은 비다공성 제품으로 고르면 일단 기본은 된 거랍니다. 섹스토이에는 실리콘이 가장 널리 사용됩니다. 실리콘은 인체에 비교적 안전하고 뜨거운 물 소독도 가능해서 위생적으로 관리할 수 있다는 장점이 있습니다. 다양한 제품 후기까지 함께 제공하는 쇼핑몰이 많으니 자신에게 맞는 섹스토이를 고르시면 좋겠네요.

Q5.

삽입하면 아픈 게 정상인가요?

주변 여성들의 이야기를 들어보면 처음 삽입 때 많이 아팠다는 사람이 대부분입니다. 처음이라 마음도 몸도 열리지 않은 상태에서 삽입 섹스를 하면 아프기 마련입니다.

여성의 성기도 흥분하면 발기하고 질에서는 윤활유가 나옵니다. 질이 부드럽게 열린 후 삽입을 하면 아프지 않을 텐데요, 미처 몸이 준비도 되지 않은 상태라면 질입구에 상처도 나고 통증이 생기기도 합니다. 건조한 상태에서 움직이면 마찰로 인한 찰과상도 입게 되고요.

관계할 때마다 아프다면 원인을 찾아보시면 좋겠어요. 질 조직은 굉장히 유연해서 전희를 정성껏 거치고 삽입 순간을 함께 조절해 나가다 보면 아프지 않게 됩니다.

처음부터 잘되지 않아요. 첫 성관계에서부터 노련한 모습을 보이는 건 영화 속 이야기일 뿐이에요. 파트너와 함께 서로가 원하는 것을 배려하면서 맞춰 가야 합니다. 아플 수도 있지만 아픈 게 디폴트는 아니랍니다. 삽입이 불편하지 않은 정도에서 삽입으로 오르가슴을 느끼는 경지까지 가기 위해서는 시간과 정성이라는 연료가 필요합니다. 전희도 충분했고 파트너와 호흡을 맞추면서 조심스럽게 삽입했는데도 접촉되는 부분이 따갑고 아프다면 시중에 판매되고 있는 윤활제를 써 봐도 좋겠어요. 오일보다는 물에 잘 씻기는 수용성 젤이 낫고요. 질 안에 들어갈 수 있으니 성분도 살펴보고 선택하면 좋겠네요.

심리적인 요인도 없고 노력도 해 봤는데 통증이 계속 이어진다면 외과적 원인이 있을 수 있어요. 질 경련, 회음부 신경통, 방광염, 클리토리스 유착증으로 통증이 생길 수 있대요. 라텍스 콘돔이나 살정제 등에 대한 알레르기 반응으로 아플 수도 있습니다. 계속 통증만 있다면 진료를 권합니다.

섹스는 자기 몸을 잘 살펴 가면서 하는 거예요. 불편한데도 말하지 못하거나 참는다면 관계가 불평등하다는 의미이기도 합니다.

Q6.

아내가 섹스를 거부해요.

왜 거부할까요? 예전에는 좋았는데 요즘 들어 거부한다면 환경에 걸림돌이 있는가도 살펴보세요. 예를 들면 아이들과 방을 같이 쓴다거나 어른들과 한집에 산다거나. 아내와의 대화가 필요합니다. 지레짐작은 하지 않기를 바랍니다. 진솔한 대화가 가능한 사이라면 성적인 대화도 나눌 수 있으실 거예요. 만약에 평소에 대화를 잘하지 않는 사이라면 성관계를 이유로 대화를 나누기는 힘들 거예요.

자신도 돌아보면 좋겠습니다. 아내의 이야기를 잘 들어 오셨는지, 가사와 육아를 나눠 했는지도 돌아보시길 권해요. 권위적인 남편은 아닌지, 일방적인 요구를 하지는 않았는지도 성찰해야 합니다.

아내와의 성관계는 일상 관계의 연장이거든요. 아내가 성관계를 거부하는 이유는 다양하게 얽혀 있을 거예요. 신체적으로 피곤할 수도 있겠고 마음의 여유가 없을 수도 있습니다.

아니면 섹스가 일방적이어서 응하기 싫을 수도 있습니다. 질문하신 분도 한국 사회에서 남성 중심적인 성문화의 영향권 안에 있으니 어쩌면 성기 중심, 삽입 중심의 성관계만을 고집해 왔을지 모르죠. 여성은 이런 관계에서 즐거움을 느끼기 어렵습니다. 세심한 존중과 배려가 있어야 성적인 즐거움도 느낄 수 있게 되는 겁니다.

이런저런 불만이 있어도 남편에게 솔직하게 말하기가 어렵습니다. 부부 관계에서 이런 이야기를 잘 나누기란 쉬운 일이 아니거든요. 아내와 성관계를 자주 하고 싶다면 아내와의 관계부터 점검해 보시고 진심으로 대화를 나누는 게 우선되어야 해요.

기억하세요. 섹스에서는 스킬이 아니라 상대를 아끼는 태도가 드러나야 한다는 것을요. 아내에 대한 존중이 일상에서 충분하다면 성관계를 방해하는 걸림돌은 함께 찾아 나가면 될 문제입니다. 아내와 좋은 관계를 되찾게 되신다면, 어느 순간 헷갈리실 거예요. 지금의 섹스가 좋아서 아내와 사이가 좋은 건지, 아내와 사이가 좋아서 둘 간의 섹스가 좋은 건지.

또 하나 받아들여야 할 것은 섹스에 대한 욕구나 원하는 정도, 만족의 수준은 사람마다 다르다는 거예요. 아내의 욕구가 질문하신 남편분과 같은 수준일 수는 없습니다. 다름도 조율하고 보장해야 합니다.

Q7.

고2 여학생인데
성욕이 너무 강해서 걱정이 됩니다.

성욕과 식욕은 사람마다 다르죠. 어떤 사람은 왕성하고 어떤 사람은 도통 욕구가 일지 않기도 하고요. 성욕이 강하다 약하다를 가르는 객관적인 기준은 없습니다. 본인이 성욕이 강하다고 생각한다면 그건 개인의 특성이라고 말할 수밖에요. 여전히 여성의 성적 욕망을 억누르고 폄하하고 부정적으로 보는 문화가 강력하다 보니 자기검열이 걱정으로 이어지고 있는 것뿐입니다. 자기다운 성욕을 그대로 받아들이세요.

때로 성욕이 강해서 문제가 되는 상황이 있을 수 있습니다. 가령 자위 때문에 피곤해서 일상에 지장이 있을 정도인지 생각해 보세요. 자위는 자기 몸을 돌보는 방법이기도 합니다. 긴장했을 때 몸을 이완시켜 주기도 하고, 스트레스 상황을 풀어 주고, 숙면을 도와줍니다.

성욕이 일어나면 혼자만의 공간에서 안전하게 자위를 하면 됩니다. 몸 상태를 살피면서 횟수와 정도를 조절하면 됩니다.

삽입 자위는 질에 상처가 나지 않게 주의해 주세요. 안전하지 않은 것들은 삽입하면 안 됩니다. 클리토리스 주변을 자극하는 것도 안전하면서 만족감을 주는 자위 방법입니다.

성욕도 주기가 있습니다. 강할 때가 있고 약할 때도 있고요. 어떤 경우든 걱정할 것 없습니다. 평소에 꾸준히 몸을 관찰하세요. 자기 몸을 잘 돌보려면 관찰이 먼저입니다.

Q8.

결혼 예정인데 자궁근종이 있대요.

저도 자궁근종 수술을 했답니다. 몇 년 전부터 월경통이 심했었어요. 진통제 한 알이면 가라앉던 통증이 점점 세지더라고요. 월경량도 어마어마하게 늘면서요. 대수롭지 않게 생각하고 몇 년을 그냥 보냈습니다. 언젠가부터 얼음을 날마다 씹어 먹었어요. 입덧처럼 얼음이 계속 당겨서 수시로 먹었습니다. 병원 가야겠다는 생각은 하지 못했고요.

강의를 하던 중에 월경혈이 쏟아져서 놀란 뒤로 산부인과에 갔습니다. 검진을 했더니 자궁에 근종이 있고 근종 때문에 월경량까지 많아졌다고 하더군요. 오래 피를 흘린 탓에 빈혈 수치도 심각할 정도로 낮았고, 얼음이 당겼던 것도 철분 부족으로 인한 증상이었습니다.

수술할 만큼 큰 근종이었는데 빈혈 수치 때문에 임신 기간에도 먹지 않았던 철분제를 몇 달간 복용한 후에야 수술을 했습니다. 수술을 받기 전까지 얼마나 두렵고 무섭던지, 날마다 자궁근종을 검색하고 관련 글을 읽어 보는 게 일이었어요. 인터넷 카페에도 들어가 봤는데요, 아, 거기에 의사들에게 듣지 못했던 생생한 정보들이 다 있더라고요. 진단 순간부터 퇴원까지, 다양한 사람들이 올려둔 경험과 갖은 정보들을 하나하나 찾아 읽다 보니 내가 곧 경험할 수술이 더 이상 두렵지 않게 되었습니다. 게다가 댓글로 응원해 주는 따뜻한 사람들에, 나 혼자만 겪는 일이 아니라는 안도감까지 얻을 수 있었답니다.

"여자애가 어떻게 하고 다니는데 그런 종양이 생기는 거야?" 그때 한 어르신이 자궁근종을 성병 정도로 생각했는지 이렇게 말했다. 이전의 말들이 작은 미사일 정도였다면 이 한마디는 마음의 흔적마저 날려 버리는 핵폭탄쯤의 파괴력을 발휘했다.

이유정, 《아프지만 생각보다 나쁘지 않아》에서

자궁근종에 대한 궁금증으로 같은 질병을 앓은 여성들의 글도 찾아서 읽었어요. 그중에 놀랐던 대목입니다. 자궁근종이나 질염 등 여성만 겪는 질환들에 이런 편견이 작동하고 있다니, 화가 다 나더라고요. 자궁근종, 질염은 성매개 감염병이 아닙니다. 설사 성매개 감염병이라 해도 그게 왜 부끄러워해야 할 일인가요? 여성의 성적 주체성을 인정하지 않는 이런 여성 혐오의 말들이 주변에서 흘러나오는 현실이니 여성들이 질병을 드러내고 진료받는 것에 더 두려움을 느끼게 되는 것 아닌가요?

주변 여성들에게 물어보면 저 같은 경험을 한 사람들이 너무 많았어요. 자궁근종으로 자궁적출 수술을 받은 사람도 많았고 지속적으로 검진받는다는 사람도 여럿이었어요. 이토록 흔한 여성질환에 편견이 있다니요.

자궁근종이나 질염, 유방 질환에는 환경호르몬의 영향이 큽니다. 우리가 일상적으로 사용하는 샴푸, 바디워시, 화장품, 생리대 등에 함유되어 있는 독성 물질이 질병을 만들고 악화시킵니다.

자궁근종 수술을 받고 나서 제 몸의 건강을 다시 생각하게 되었어요. 생각 없이 자주 먹던 인스턴트 음식을 줄이고 플라스틱 통은 되도록 사용하지 않고 테이크아웃 커피도 많이 줄였어요. 샴푸는 친환경 제품으로 바꾸고 생리대는 월경컵으로 교체했고요. 기후위기에 대응하기 위해서라도 당연히 실천했어야 할 일들인데요. 지구를 오염시키는 것들은 가장 먼저 우리 몸을 아프게 해요. 다 연결되어 있는 문제였어요.

자궁근종은 치료하면 되니 걱정하지 마세요. 이 일을 계기로 몸의 건강을 돌보기 위한 실천들을 시작하기를 바랍니다.

Q9.

경구 피임약, 안심해도 될까요?

저도 여전히 임신이 두려워요. 월경이 며칠만 늦어도 임신을 했을 때 펼쳐질 일들을 구체적으로 떠올리면서 어떤 결정을 할까를 고민하는 정도입니다. 지금까지도 피임은 철저하게 실천하고 있습니다. 큰아이를 임신하고부터 둘째 아이를 낳고 젖을 뗀 시기까지, 그 시기만 빼고 피임은 꼭 지켰습니다. 원하지 않는 시기에 임신이 되면 여성의 삶은 혼란에 빠집니다. 임신과 출산, 육아에 이르기까지 여성 개인이 떠맡게 될 책임들로 인해 일을 그만두거나 학업을 이어 가지 못하는 등 인생에 아주 큰 단절이 일어나게 되니까요. 임신은 개인이 원하는 시기에, 출산과 양육에 대한 준비가 되어 있을 때 선택할 수 있어야 합니다.

경구 피임약을 매일 빠지지 않고 정해진 시간에 드신다면 조금 안심할 수 있을 테지요. 그러나 경구 피임약 역시 실패의 가능성이 있습니다. 완전한 피임은 없으니까요. 또 경구 피임약은 임신을 막아 주는 효과만 있을 뿐입니다. 성관계 때 염두에 둬야 할 것은 임신만이 아니라 성접촉으로 인한 질병 감염까지입니다.

그래서 필요한 것이 콘돔 사용입니다. 여성이 경구 피임약을 복용하고 있다면 남성은 콘돔을 착용해서 피임 효과를 높이고 성매개 감염병도 예방해야지요.

어느 피임 방법도 100퍼센트 완전하지 않습니다. 실패의 가능성은 늘 있다는 걸 기억하세요. 여성이 자신의 몸에 맞는 피임법을 선택해서 잘 실천하고 있더라도 이것만 믿지 마시고 남성도 성관계 시 반드시 콘돔을 책임지고 사용해야 합니다.

Q10.

질외사정, 괜찮은가요?

자연주기법에 따라 배란주기를 따져 보고, 기초 체온을 재고, 자궁경부에서 분비되는 점액을 관찰하면서 '안전하다고 여겨지는' 시기를 산정하고, 그 시기에는 다른 피임법을 쓰지 않는 것. 이는 피임법으로 분류해서는 안 됩니다. 피임법이라고 보기에는 위험 부담이 큽니다. 사람마다 신체조건이 다르고, 몸은 환경의 영향에 민감하기 때문에 자연주기법이 정확한 기준이 될 수 없습니다. 배란주기도 스트레스의 정도에 따라 변동이 심하기 때문에 이를 믿고 피임에 적용했다가는 피임에 실패할 위험이 큽니다.

배란주기와 몸의 체온, 점액 관찰 등은 내 몸이 지금 어떤 시기를 건너고 있는지, 건강한 상태인지를 따져 보는 지표로 삼는 게 좋습니다. 피임의 지표가 아니라요. 예정보다 배란이 빨리 일어났다면 내 몸이 지금 스트레스를 받고 있는지 살펴서 자신을 더 돌볼 수 있겠고요.

질외사정도 절대 안전하지 않습니다. "오빠만 믿어", "실수할 일 없어", "한 번인데 어때?", "설마 임신이야 되겠어?" 하는 말들은 부질없습니다. 질외사정은 피임법이 아닙니다.

Q11.

콘돔 사용할 때 주의할 점이 있나요?

피임과 성접촉으로 인한 감염으로부터 자신을 지키는 가장 안전한 방법은 남성용 콘돔입니다. 남성용 콘돔은 라텍스나 폴리우레탄 재질로, 얇은 고무막을 남성 성기에 씌워서 정액이 질 속으로 들어가는 것을 막아 주는 방식입니다. 두께나 색깔, 향과 윤활제 유무 등에 따라 다양한 제품이 판매되고 있습니다. 약국이나 편의점, 인터넷 쇼핑몰 등에서 구입 가능합니다.

라텍스 재질은 유통기한이 지나면 약해집니다. 집에 오래됐거나 장기간 지갑 등에 넣어 다녔던 콘돔은 삭아서 구멍이 생길 가능성도 있으니 참고하세요.

콘돔은 질에 삽입하기 전에 착용해야 합니다. 삽입 섹스를 하다가 사정 직전에 콘돔을 사용하면 안 된다는 거예요. 발기되면 요도에서 나오는 쿠퍼액 안에도 정자가 있으니까요.

　콘돔은 충분히 발기가 되었을 때 성기 끝까지 밀어서 끼워야 합니다. 콘돔 끝자락에는 정액이 모이는 작은 공간이 있는데 이곳을 손으로 비틀어 공기를 빼 줘야 해요. 아니면 질 속에서 움직일 때 구멍이 생길 수도 있어요. 사정 후에는 콘돔이 성기에서 빠지지 않게 잘 잡고 뺍니다. 뺀 뒤에 정액이 새지 않았는지 바람을 넣어 확인한 후에 휴지에 싸서 버립니다. 만약 성관계 중 정액이 샜다면 72시간 안에 응급피임약을 처방받아서 복용해야 합니다. 임신 여부를 확인하기까지 몸 상태를 살피시길 바랍니다.

Q12.

스트레스 좀 받았다 싶으면 성기가 가려워요.

몇 가지 생활습관만 고쳐도 많이 좋아질 거예요. 샤워 후에 성기를 잘 말려야 합니다. 축축하게 두면 세균 번식이 쉬워지니까요. 수영장 다닐 때 보면 드라이기로 성기를 말리는 사람들이 있었는데요, 보기에도 안 좋지만 무엇보다 질 건강에도 좋지 않은 습관입니다. 드라이기에 먼지가 많이 끼잖아요. 그 먼지들이 질에 묻거나 들어가기도 합니다. 수건으로 톡톡 두드려 닦거나 마를 때까지 조금 기다렸다가 속옷을 입으면 됩니다. 꽉 끼는 팬티도 통풍이 잘되지 않지요. 삶을 수 있는 면으로 된 넉넉한 팬티가 성기 건강에도 좋습니다. 삼각팬티보다는 사각팬티가 더 편하고 좋습니다. 바지도 꽉 끼면 통풍이 잘 안 돼서 질염이 생깁니다. 향이 나는 화장지나 생리대는 사용하지 않습니다. 향을 내는 데 쓰이는 화학물질은 질에 좋지 않습니다. 무향, 무표백, 무형광 제품인지 확인하고 사용하세요. 월경하는 동안 질은 더 취약한 상태래요. 월경혈이 중성이라서 질의 산성 상태가 깨져 있거든요. 이때 화학물질이 섞인 생리대를 쓰면 질이 가렵거나 염증이 생길 수도 있습니다. 팬티라이너는 되도록 쓰지 않는 게 좋아요. 팬티라이너의 성분을 규제하는 기준이 없다고 해요. 질 속을 깨끗하게 씻는다며 세정제를 이용하거나 항균 제품을 쓰면 질 속의 이로운 박테리아까지 죽이게 됩니다. 깨끗하게 하려다가 오히려 위험한 환경을 만드는 셈이지요. 팬티를 세탁할 때는 합성세제나 섬유유연제를 사용하지 않는 것이 좋습니다. 소변을 본 후 너무 세게 닦아 자극을 주는 일도 없어야 합니다. 질 주변은 연약해서 마찰에 취약하거든요. 대변 본 뒤 뒤처리를 할 때도 항문 방향으로 닦아야 해요, 질이 있는 방향으로 닦으면 항문의 대장균이 들어갈 수 있답니다. 이렇게 몇 가지 습관만 바꿔도 건강한 질 상태를 유지할 수 있을 거예요.

Q13.

집에서 노브라로 있는데요,
중학생 아들이 신경 쓰이네요.
브래지어를 챙겨 입어야 할까요?

가슴 건강을 위해서 브래지어를 하지 않는 것을 추천합니다. 저도 아주 특별한 경우가 아니면 브래지어를 하지 않습니다. 집에서는 무조건 노브라입니다. 가슴이 처지면 어쩌나 걱정하면서 브래지어를 항상 하는 분들도 있던데요. 가슴이 처지는 건 브래지어와 상관없는 개인의 신체 특성이라고 합니다. 여성의 가슴이 성적인 장소로 대상화되어 온 역사가 너무 길다 보니 브래지어 안 한 가슴에 대한 잣대가 엄격합니다. 왜 여성들은 브래지어를 해야 할까요? 여성의 가슴을 그저 신체의 일부로만 여긴다면 과연 브래지어를 할까요? 우리 사회에서 여성의 몸은 성적 대상으로 이미지화되어 있습니다. 대중매체에서 여성의 가슴은 그저 섹시한 이미지로 소비되고 있지요. 여성의 몸을 인격과 감정을 가진 총체로 보는 것이 아니라 성적 욕망을 자극하는 대상으로 여깁니다. 여성의 가슴이 풍만해야 섹시한 몸이라고 여기는 사고방식 때문에 브래지어를 일상적으로 하게 되는 것이지요. 혹여라도 브래지어를 하지 않아 유두가 드러나면 그건 또 남성을 자극하는 일이라고 비난받기 일쑤이고요. 이래저래 여성의 몸은 보이는 몸으로서 관리하기를 요구받고 있습니다.

중학생 아들과 이런 대화를 나누면 좋겠어요. 여성의 가슴은 그저 신체의 일부일 뿐인데 성적으로 대상화하는 시선이 강력하다는 것도 얘기해 주시고, 브래지어 했을 때 답답하고 불편하다는 경험도 들려주시면 좋겠어요.

엄마와 이런 대화를 나눠 본 아들이라면 여성의 가슴을 성적인 눈으로만 보지 않을 거고, 브래지어 하지 않는 여성의 자율성을 존중하게 될 거예요.

Q14.

질에서 바람 빠지는 소리가 나서 창피해요.

질 방귀라고 불러요. 흔히 있는 일입니다. 성관계 중에 흥분하면 질의 내부가 팽창하면서 길어집니다. 삽입 섹스 중이거나 오럴섹스 중에 질 속으로 공기가 들어갈 가능성이 높아지고, 공기가 들어간 상태에서 체위가 바뀌거나 성기 크기가 줄어서 빈틈이 생기면 그 틈으로 들어갔던 공기가 나오면서 바람 빠지는 소리가 납니다. 그저 신체적인 현상일 뿐 부끄러워할 문제가 아니에요. 파트너에게 설명해 주세요. 질이 헐거워서 그렇다는 잘못된 생각을 하고 있을지도 모르니까요. 굳이 관계 중에 말해 줄 필요는 없고요, 대화의 타이밍을 잘 찾아서 이야기 나누면 좋겠어요. 성에 대한 정보는 같이 나누는 게 중요합니다.

Q15.

섹스 후 월경이 없습니다.

임신은 보통 임신테스트기로 진단이 가능합니다. 테스트 시기가 중요한데요, 성관계 후 2주 이상 지났고 월경 예정일도 지났다면 아침 첫 소변으로 검사해 보세요. 임신테스트기는 의사 처방전 없이 약국에서 구입할 수 있습니다. 좀 더 빨리 검사해 보고 싶다면 얼리 임신테스트기가 있습니다. 일반 임신테스트기보다 4~5일 먼저 진단이 가능합니다. 인터넷에 '얼리 임신테스트기'라고 검색하면 다수의 제약회사에서 출시하는 다양한 테스트기가 검색될 거예요. 산부인과에서는 성관계 뒤 10일부터 혈액검사를 통해 임신 여부를 알 수 있습니다.

임신테스트 진단 결과 임신이 아닌 것으로 나오면 조금 기다려 보세요. 월경은 스트레스를 받거나 몸의 컨디션이 좋지 않을 때, 심리적인 압박감이 있을 때 늦어지기도 하니까요. 몸은 참 신기해서 '임신이면 어쩌나?' 하는 걱정에도 영향을 받더라고요. 임신이 아니라는 확인을 하면 심리적으로 안정감이 생겨서 월경이 바로 시작되기도 합니다.

만약 임신이라면 차분한 대응이 필요합니다. 두려울 거라는 거 백번 공감합니다. 자책에 빠지거나 두려움에 잠식되지 마시고 용기를 내셔야 합니다. 파트너에게도 임신 사실을 전하고 어떻게 할지 같이 의논하시고 책임을 나누세요. 주변에서 도움받을 수 있는 믿을 만한 사람도 찾아보세요. 든든하게 곁을 지켜 줄 사람이 필요합니다.

신중한 고민 끝에 임신 중지를 결정하셨다면 빠르게 병원을 알아보세요. 수술은 산부인과에서 하루 정도면 가능하고 부작용이 적다고 해요. 임신 주수가 길어질수록 위험 부담이 커집니다. 가능한 빨리 산부인과를 찾는 게 중요합니다. 누구나 원하는 시기에 임신을 선택하고 중지할 권리를 가지고 있습니다. 당연한 성적 권리의 행사이니 자책하거나 자기 혐오로 움츠러들지 말길 바랍니다. 2021년 1월 1일부터 임신 중지는 법의 처벌을 받지 않게 됐습니다. 여성의 몸에 대한 자기결정권을 법으로 인정받는다는 의미입니다.

'성적 권리와 재생산 정의를 위한 셰어'라는 단체가 있습니다. 임신 중단은 개인의 문제만이 아니라 사회의 이슈이기도 합니다. 셰어에는 당신의 임신을 '당신의 문제'로만 여기지 않는 이들이 있습니다. 필요하다면, 이 단체에 연락해서(www.byyourside-share.org) 이 상황을 잘 건너갈 수 있는 구체적인 도움과 힘을 얻길 바랍니다.

출산을 선택하셨다면 그에 맞는 준비를 해야 합니다. 파트너와 충분히 상의하고 함께 출산과 양육을 하는 것으로 결정을 내렸다면 더 조언할 것은 없습니다. 만약 혼자서 출산하고 양육까지 책임질 상황이라면 세밀하게 계획을 세우고 지원 체계를 알아보셔야 합니다. 학생이라면 앞으로 학업을 어떻게 할지, 출산과 양육 비용은 어떻게 충당할지, 출산과 산후조리는 어디서 누구의 도움을 받을지, 아이와 어디에서 살지 등 대비해야 할 문제들이 많습니다. 또 임신 기간 동안 몸이 어떻게 변하는지, 어떤 돌봄이 필요한지도 알아 두어야 하겠고요.

정부에서는 임신부터 출산 후까지 드는 비용, 병원비 및 육아 생활필수품을 지원하는 제도를 두고 있습니다. 미혼의 임산부가 출산 후 일정 기간 동안 머물 수 있는 미혼모자 시설도 있고 2세 미만 영유아를 양육하는 미혼모를 위한 미혼모자 공동생활 가정 지원도 있습니다. 임신부가 청소년일 경우 학업을 계속 이어 갈 수 있도록 검정고시 학원 등록비를 지원해 주거나 자립을 위한 수당을 주는 제도도 있으니, 받을 수 있는 지원은 놓치지 않길 바랍니다.

Q16.

우리 애만 성교육한다고
달라지지 않을 것 같아요.

우리 아이가 잘 살기 위해서는 동시대 아이들이 다 같이 잘 살아야 합니다. 건강한 성교육의 대화를 주변의 학부모들과 자연스럽게 나눌 수 있는 방법을 고민해 봅시다.

요즘 교육의 공간에서 만나는 분들이 성교육 책을 함께 읽고 공부하고 있다고 전해 주실 때가 가끔 있습니다. 아시는 거지요. 우리 아이들은 모두 연결되어 있는 존재라는 것을요. 아이들이 행복한 공간에서 자라려면 어른이 변화를 향해 함께 발을 떼야 한다는 사실을 알고 실천하는 거예요. 먼저 용기를 내야 해요. 곁에 있는 다른 어른들께 말을 거는 거예요.

"성교육이 진짜 필요한 것 같아요. 어떻게 하고 계세요?"

"요즘 성교육 책 읽고 있는데 같이 읽어 보실래요?"

"우리 아이가 좋아하는 성교육 동화책인데 ○○이한테 선물하고 싶어요."

"어제 애가 자위에 대해서 물었는데 당황하느라 대답을 못했어요. 이런 적 없으세요?"

중요하다고 여기는 주제를 대화의 공간에서 먼저 제안하는 사람이 있어야 해요. 아이들의 성적 이야기, 학원 정보들이 오고 갈 때 대화의 방향을 살짝 틀어 주는 순간을 만드는 것도 좋은 방법입니다. "어제 학교에서 성교육 강의 들었는데요" 하며 슬쩍 말을 먼저 꺼내는 거지요. 함께 이야기 나누다 보면 어떻게 할까에 대한 지혜로운 의견들이 나오게 된답니다. 소박한 질문으로 용감하게 시작해 보세요.

Q17.

**아파트 놀이터에서 중학생들이 성관계를 해서
경찰이 출동했다는 뉴스를 봤어요.
아이들한테 어떻게 말해 줘야 하나요?**

저도 이런 뉴스를 걱정하며 들었던 기억이 납니다. '한국 성교
육의 민낯'이라는 제목의 기사도 보았어요. 이런 뉴스가 등장
할 때마다 '성교육의 부재, 형식적인 성교육'이 쟁점이 되는데
요, 정작 어떻게 해야 하는지에 대해서는 뒤로 미루기만 합니
다. 청소년 자녀가 있는 양육자들은 아이와 대화부터 나누면
좋겠습니다. 성교육은 성적인 이슈가 있을 때 어른과 아이가
편안한 공간에서 이야기 나누는 게 최고입니다. 청소년들은
성관계를 어디서 할까요? 제가 직접 들은 장소는 학교 옥상,
교실, 화장실, 룸카페, 코인노래방, 구석진 공원 등이었어요.
어디도 안전한 공간이 아닙니다.

'위험하다', '하지 말라'는 단속과 통제의 언어만으로는 성

교육의 효과가 없습니다. 성관계를 할 수 있는 안전한 공간은 어디인가에 대해 이야기를 나눌 수 있어야 합니다. 안전한 공간이 어떤 공간인지 이야기 나누고 스스로 생각하고 결정할 수 있는 힘과 지혜를 키워 주는 게 중요합니다. 언젠가 저희 아이와 나눴던 이야기입니다.

"성관계는 남에게 방해받지 않을 공간, 남에게 불편함을 주지 않는 공간에서 해야 되는 거야. 안전한 공간이어야지 두 사람이 편안하게 서로를 배려하며 몸을 대할 수 있지. 누가 볼까 두렵고, 누가 올까 무서운 공간에서는 안전한 성관계를 할 수 없겠잖아. 그런 공간에서라면 후다닥 해치우는 행위만 하게 될거야. 그런 성관계는 하고 난 뒤에도 찜찜하고 불편한 마음이 남겠지. 성관계를 하고 나면 안정감도 들고 배려받고 존중받는 느낌이 들어야지. 내 몸이 도구가 된 느낌이 들어서는 안 돼. 그래서 안전한 공간은 너무 중요하단다. 안전한 공간이라는 것은 물리적인 공간만을 뜻하는 게 아니야. 심리적인 공간도 중요해. 파트너가 나를 함부로 대하지 않을 거라는 믿음, 관계 안에서 서로 배려하고 배려받을 것이라는 믿음, 관계에 대해 다른 사람에게 말하지 않을 거라는 믿음 등 이런 믿음까지가 안전한 공간에 포함되어야 해. 언제 어디에서 성관계를 할지, 네가 선택하고 결정할 수 있지만 기억하렴. 안전한 공간이 준비될 때까지 기다리는 것도 네가 결정할 일이라는 걸."

아이 손을 잡고 카페에 나가 마주 앉아 보세요. 달달한 케이크도 먹으면서 이런저런 이야기를 나눠 보세요. 마주 보고 있는 시간을 일부러 만들어야 이야기가 나옵니다.

"엄마(아빠)가 얼마 전에 기사를 읽었는데 깜짝 놀랐어. 네 생각은 어때?" 하고 먼저 말문을 트세요. "요즘 애들 문제다, 너는 그러지 마라" 이런 식의 잔소리가 아니라 진짜 괜찮은 대안의 말을 들려주세요. 완전하지 않아도 됩니다. 우리도 알아가는 과정이니까요. 어색해도 견디세요. 이런 과정을 거쳐야 다음에 더 나은 대화를 할 수 있게 되니까요.

공부하고 연습합시다. 성교육을 고민하고 성교육을 잘하고 싶어서 하는 모든 노력은 어른에게도 좋은 공부입니다. 어른의 삶도 깊어집니다.

Q18.

남편이 딸들에게
혼전순결을 자꾸 강조합니다.

아내분의 이런 문제의식 참 귀합니다. 남편의 생각은 이해하지만 딸들을 위해 혼전순결을 이야기하는 것이 과연 아이들에게 옳은 일인가를 염려하는 마음이 느껴집니다. 다른 생각이 있을 수 있다는 것은 인정합니다만, 그럼에도 어른이 가지고 있는 어떤 생각이 아이들에게 전달되었을 때 고정관념이나 편견을 실어 나르지 않을지 늘 성찰해야 합니다. 내가 가진 생각이 누군가에게 폭력으로 작동하지 않을지는 작정하고 들여다보지 않으면 모릅니다. 들은 대로 배운 대로 말하면 사회의 지배적인 생각을 답습할 가능성이 커지거든요. 순결이 도대체 무엇인지, 무엇을 중심에 두고 순결을 따질지, 우리 사회에서 순결에 대한 잣대를 누구에게 더 강하게 들이대는지, 순결에 대한 강박이 있는 사회에서는 누가 상처를 입을지, 순결에 대한 개념을 다시 세울 필요는 없을지, 두루 공부하고 시간을 가져야 해요. 익숙한 생각을 낯설게 보는 연습, 내 생각이 틀릴 수 있다는 전환, 내가 서 있는 권력자의 위치에서 약자의 위치로 옮겨 서 보는 용기, 변화를 수용하는 마음의 넓이가 필요합니다. 이런 것들을 갖추기 전에는 차라리 침묵을 지키는 것이 지혜일 수 있음을 받아들여야 해요. 이 공부의 과정을 남편과 함께해 나가시길 바랍니다. 혼전순결을 강요하지 말고, 가족 구성원이 혼전순결에 대해 서로의 생각을 나누고 새롭게 정립하는 시간을 가지세요. 혼전순결을 다양한 관점으로 이해해 보는 공부를 해 나가면서 아이들이 혼전순결을 스스로 규정할 수 있는 언어의 힘을 가질 수 있도록 도와야겠습니다. 아무리 부모라도 자신의 의견과 관점을 자식에게 강요할 수는 없습니다.

정말 사랑하는 사람과의 성관계를 위해 순결을 지켜야 하나요? 경험이 많을수록 더 좋은 성관계를 하게 될 확률이 높지 않을까요? 성관계를 할수록 몸은 닳는 것이 아니라 더 섬세하게 발견되지요. 몸의 욕망을 수용하고 쾌감을 느끼는 경험이 누적되면 자기존중감도 커지겠고요. 자기를 사랑하는 사람이 성관계에서 파트너의 욕망을 받아들이고 함께 성적 쾌감을 찾아가는 성적 권리를 건강하게 행사하고 있다면, 이를 두고 순결하다고 말해야 하지 않을까요? 결혼 전에 성관계를 했냐 안

했냐가 아니라 결혼 전이나 후나 존중이 전제된 성관계를 했느냐가 중요한 거지요. 결혼 전에는 성관계를 하지 않겠다고 본인이 결정했다면 그 사람에게는 좋은 결정이 맞습니다만, 이를 다른 사람을 판단하는 기준으로 삼아서는 안 됩니다. 결혼 전에 충분한 성관계를 해 봐서 파트너의 욕망을 더 잘 이해할 수 있다면 이 또한 좋은 일입니다.

Q19.

발기가 되거나 질이 젖으면
흥분했다는 의미인가요?

그렇지 않습니다. 성적으로 흥분했는데 발기가 되지 않는 경우가 있지요. 반대로 성기가 발기됐다고 언제나 성관계를 원하는 것은 아닙니다. 성기의 발기가 곧 성적으로 흥분했다는 뜻은 아닙니다.

여성의 경우도 마찬가지입니다. 성적으로 흥분한 상태지만 질이 젖지 않을 수 있습니다. 반대로 성관계를 하고 싶은 생각이 없지만 질이 젖는 경우도 있습니다. 성폭행 상황에서도 여성의 질은 젖을 수 있는데 이를 두고 성적으로 흥분했다고 봐서는 안 됩니다. 그저 신체의 반응입니다. 이런 현상을 '성적 흥분 불일치'라고 합니다.

어떤 경우든 신체의 반응을 두고 파트너도 원한다는 식의 판단을 해서는 안 됩니다. 몸의 변화보다 파트너의 의사 표현, 감정 상태를 확인하고 받아들여야 합니다. '질이 젖은 걸 보니 너도 나를 원하고 있는 거야.' 이런 해석은 폭력입니다.

Q20.

성기가 가렵고 냄새가 심하게 납니다.
성병이면 어쩌나요?
애인한테도 말해야 하나요?

성병이라는 병명부터 바꿉시다. 성병이라는 단어에는 이미 낙인이 찍혀 있습니다. 성관계를 문란하게 하는 사람이 걸리는 병으로 받아들이게 해요. 성병은 누구나 걸릴 수 있는 병이라는 생각을 못 하게 해요. 그러니 드러내 놓고 의논을 하거나 병원 진료를 받는 것도 쉽지 않게 되지요. 그러다 보면 증상이 더 악화될 수 있습니다. '성매개 감염'으로 바꿔 부르는 것부터 시작해요. 타인과 성적인 접촉을 하는 누구라도 감염될 수 있다는 인식을 할 수 있게요.

성매개 감염인지 아닌지는 병원을 방문해서 정확한 진단을 받으세요. 병원 방문을 미루다 악화되면 치료가 복잡해지기도 합니다. 성매개 감염으로 진단받았다면 애인에게 알려서 같이 치료받아야 해요. 말하기 불편하다고 알리지 않으면 성매개 감염이 더 퍼지게 됩니다.

헤르페스, 임질, 매독, 사면발니증, 사람유두종바이러스(HPV), 트리코모나스 질염 등 성매개 감염병의 종류는 30가지가 넘습니다. 질병에 따라 증상도 다양하지만 잠복 기간이 길어서 특별한 증상이 없는 경우도 많습니다. 면역력이 좋다면 균이나 바이러스를 가진 사람과 성관계를 해도 감염되지 않을 수 있고요. HPV는 감염되더라도 2년이 지나면 90퍼센트가 저절로 낫습니다. 하지만 치료 시기를 놓칠 경우 불임이나 암으로 발전되기도 합니다.

성관계를 하고 있는 사람이라면 증상 유무와 관계없이 정기적인 검진을 받아야 합니다. 고정적인 성관계 파트너가 있는 경우 서로의 안전과 건강을 위해 함께 주기적인 검진을 받아야 합니다. 데이트 앱을 이용해 성관계 파트너를 찾는 경우, 파트너에 대한 사전 정보를 얻기 어려워 성매개 감염에 더 쉽게 노출되기도 합니다. 또 브라질리언 왁싱처럼 피부에 바이러스나 세균이 직접 닿는 경험을 한 뒤에도 성매개 감염이 일어나기 쉽답니다. 성관계 경험이 있는 사람 대부분이 평생에 한 번 이상 성매개 감염을 경험합니다. 아주 흔한 질환입니다.

예방을 위해서는 콘돔 착용을 반드시 하셔야 해요. 오럴섹스로도 전파되는 만큼 덴탈댐도 사용해야 합니다.

성매개 감염병 중 일부는 보건소에서 무료로 검사가 가능합니다. HIV(에이즈로 발전될 수 있는 바이러스), 임질, 클라미디아, 매독, B형간염 검사를 받을 수 있습니다. 성매개 감염병 증상이 있다면 산부인과에서 검사를 받아야 합니다. 건강보험 적용이 됩니다.

성매개 감염병에 걸리는 청소년의 비율도 높습니다. 부모의 동의를 요구할 경우가 있어서 병원 방문을 미루기도 하는데요, 서울시립십대여성건강센터 나는봄(www.imbom.or.kr)을 통해 정확한 정보를 얻기 바랍니다.

성매개 감염병 바이러스는 점막이 있는 여성의 외음부나 질, 자궁내막 등에 잘 감염됩니다. 증상도 남성에 비해 심하게 나타나는 경우가 있고요. 성적 이중 규범이 강력하게 작동하고 사회경제적 위치가 불리하기 때문에 상대적으로 여성은 성매개 감염에 대처하기 더 어렵습니다. 신체에 증상이 나타나지 않는 경우도 많고 낙인문화가 여전히 강해서 치료 시기를 놓치는 일도 흔합니다. 성매개 감염병의 예방은 성관계를 하는 사람 모두가 함께해야 효과적입니다. 콘돔 사용과 정기적인 검진, 정확하고 신속한 치료에 모두가 적극적이어야 합니다.

Q21.

직장상사와 술을 마신 것까지 기억나는데
일어나 보니 알몸이고 모텔입니다.
어떻게 해야 할까요?

병원부터 가세요. 빠를수록 좋습니다. 씻지 마시고 그대로 가세요. 입었던 속옷은 다른 물질에 오염되지 않도록 종이봉투 등에 잘 싸서 가져가세요. 임신 가능성, 성매개 감염 가능성까지 안전하게 검진받으셔야 해요. 병원 진료 기록은 법적 증거로 제시해야 하니 지금 당장 신고하지 않는다 해도 받아 두시는 게 좋습니다. 혼자라서 두렵다면 믿을 만한 조력자를 꼭 알아보세요. 1366(여성긴급전화)에 전화하면 필요한 절차를 알려 줍니다. 가까운 곳의 성폭력 지원 단체와 연결해 주기도 합니다. 이후 법률적인 조언이나 의료적인 조력 및 피해자 조력인 제도를 이용할 수 있습니다. 성폭력 피해자의 당연한 권리를 숙지하시고 적극적으로 조력 받기를 권합니다. 한국여성민우회(womenlink.or.kr), 한국성폭력상담소(www.sisters.or.kr), 한국여성의전화(hotline.or.kr) 등의 여성단체는 각 지역마다 지부를 두고 있습니다. 여성단체 활동가 및 성폭력 상담원은 피해자 입장에서 조력해 온 경험을 가지고 있어서 피해자가 지치지 않고 상황에 현명하게 대처할 수 있는 힘을 줍니다.

형사처벌을 원한다면 경찰에 신고해야 합니다. 직장 내 성폭력고충센터에 정식으로 문제제기도 하세요. 가해자와의 분리를 요구하시고 직장 내 처리 절차에 의거한 처벌을 신청하세요. 이 과정도 여성단체의 조력을 받아 진행할 수 있습니다.

성폭행 장면이 촬영되었을 가능성도 배제하지 마세요. 이 부분에 대한 조사도 요구하시고요. 디지털 성폭력 피해의 경우 영상 삭제는 혼자만의 힘으로는 해결하기 어렵습니다. 각 지역에 디지털 성범죄 특화 상담소가 있으니 연계해서 도움을 받으세요.* 한국사이버성폭력대응센터(www.cyber-lion.com)도 있습니다. 상담과 조력을 꼭 받으시길 바랍니다.

무엇보다 명심할 것은 성폭력 피해자에게는 어떤 잘못도 없다는 거예요. 혹여라도 술 마신 자신에 대해서 자책하지 마세

---

* 디지털 성범죄 특화 상담소는 디지털 성범죄 피해자 상담 및 영상 삭제 지원을 합니다. 피해 경험자를 지원하기 위해 심층상담, 수사동행, 의료지원, 치유회복 프로그램을 조력합니다. 불법 촬영물 등에 대한 신고와 삭제 요청을 대신할 수 있는 권한을 가지고 있습니다.

요. 마음 단단히 먹고 대처하세요. 어려운 시간이 지나가겠지만 이 시간을 거치면서 폭력에 저항하는 힘을 키우게 됩니다. 미래의 당신은 이 경험을 통해 한층 더 단단해질 테니 걱정과 불안에 너무 오래 머물지 않기를 바랍니다.

더 나은 존재, 더 좋은 섹스를 위한 책 읽기

- 김영서, 《눈물도 빛을 만나면 반짝인다》, 이매진, 2020
- 니나 브로크만, 엘렌 스퇴켄 달, 《질의응답》, 열린책들, 2019
- 레이철 시먼스, 《소녀는 어떻게 어른이 되는가》, 양철북, 2021
- 로빈 월쇼, 《그것은 썸도 데이트도 섹스도 아니다》, 미디어일다, 2015
- 리베카 솔닛, 《멀고도 가까운》, 반비, 2016
- 벨 훅스, 《모두를 위한 페미니즘》, 문학동네, 2017
- 벨 훅스, 《사랑은 사치일까?》, 현실문화, 2020
- 부너미, 《당신의 섹스는 평등한가요?》, 와온, 2020
- 실라 드 리즈, 《버자이너의 모든 것》, 은행나무, 2023
- 에이미 조 고다드, 《섹스하는 삶》, 웅진지식하우스, 2019
- 옌스 판트리흐트, 《남성해방》, 노닐다, 2023
- 정희진, 《페미니즘의 도전》, 교양인, 2020
- 잭슨 카츠, 《마초 패러독스》, 갈마바람, 2017
- 캐서린 앤젤, 《내일의 섹스는 다시 좋아질 것이다》, 중앙북스, 2022
- 페기 오렌스타인, 《아무도 대답해 주지 않은 질문들》, 문학동네, 2017
- 하리타, 《오늘부터 내 몸의 이야기를 듣기로 했어》, 동녘, 2017
- 한국성폭력상담소, 《보통의 경험》, 이매진, 2011
- 한국여성의전화, 《그 일은 전혀 사소하지 않습니다》, 오월의봄, 2017
- 한채윤, 《여자들의 섹스북》, 이매진, 2019

50세. 생의 전환점으로 삼을 만한 나이지요. 삶이 어디로 흘러
갔는지 모를 만큼 순식간에 뭉텅 시간이 잘려 나간 느낌입니다.

50년 중 20년을 사랑하는 일 속에서 살고 있습니다. 교육의
공간에서 성교육을 하는 매일매일이 첫날처럼 신나고 설렙니
다. 지난여름 50세 기념 독립선언을 한 뒤, 더 깊어지고 싶어
서 산티아고 순례길 800킬로미터를 홀로 걷고 왔습니다. 새
벽에 일어나 걷고 책 읽고 글 쓰던 한 달여, 천상의 시간이었
답니다.

돌아와 며칠은 산티아고의 일상이 너무 그리웠습니다. 그러
다 다시 강의를 나가던 아침, 노래를 들으며 운전하는데 마음
이 벅차올랐습니다. '맞다, 내가 정말 좋아하는 일을 하러 가

는 길이지' 하는 감각이 생생하게 돋아났습니다. 산티아고 순례길보다 강의하러 나가는 이 길이 더 행복하다는 걸 곧바로 비교 체험 할 수 있었답니다. 제 일을 사랑하는 것이 얼마나 큰 복인지요.

앞으로 이루고 싶은 일은 성교육을 더 잘하게 되는 거랍니다. 잘하고 싶어서 궁리하고, 좋은 이야기를 수집하고, 사람을 만나고, 이론을 정교하게 다듬고, 일상을 잘 꾸리려 합니다. 주변에 있는 사람들에게 다정하게 곁을 내주는 일 또한 그 어떤 사회운동에 견주어도 의미 있다는 것을 진심을 다해 전하고 싶습니다. 사랑하는 존재와 겹쳐지는 일, 섹스로 연결되는 일, 다정한 말과 눈빛으로 어깨동무하는 일이 얼마나 아름다운지요. 이 아름다움 속에서 함께 성장해 나가자고요.

성교육이 다정한 공부로 여러분의 삶에도 깃들기를, 여러분을 일으켜 세우기를, 여러분과 여러분 곁의 사람을 사랑으로 연결해 주기를 바랍니다.

이 책이 널리 퍼져 성에 대한 담론이 사람들 사이에서 풍성하게 피어나면 좋겠습니다.

2023년 10월
김항심

이토록 다정한 공부

Sex Education for Adults

ⓒ 김항심, Printed in Korea

1판 1쇄 2023년 11월 10일
ISBN 979-11-89385-46-0

지은이 김항심
펴낸이 김정옥
편집 김정옥, 조용범, 눈씨
마케팅 황은진
디자인 김지혜
종이 한승지류유통
제작 정민문화사

펴낸곳 도서출판 어떤책
주소 03706 서울시 서대문구 성산로 253-4 402호
전화 02-333-1395
팩스 02-6442-1395
전자우편 acertainbook@naver.com
블로그 blog.naver.com/acertainbook
페이스북 www.fb.com/acertainbook
인스타그램 www.instagram.com/acertainbook_official

파본은 구입하신 서점에서 바꾸어 드립니다.

어떤책의 책들

1 **다 좋은 세상** 인정사정없는 시대에 태어난 정다운 철학 | 전헌

2 **먹고 마시고 그릇하다** 작지만 확실한 행복을 찾아서 | 김율희

3 **아이슬란드가 아니었다면** 실패를 찬양하는 나라에서 71일 히치하이킹 여행 | 강은경

4 **올드독의 맛있는 제주일기** 도민 경력 5년 차 만화가의 (본격) 제주 먹거리 만화 | 정우열

5 **매일 읽겠습니다** 책을 읽는 1년 53주의 방법들+위클리플래너 | 황보름

6 **사랑한다면 왜** 여자이기 때문에, 남자이기 때문에, 우리의 쉬운 선택들 | 김은덕, 백종민

7 **나의 두 사람** 나의 모든 이유가 되어 준 당신들의 이야기 | 김달님

8 **외로워서 배고픈 사람들의 식탁** 여성과 이방인의 정체성으로 본 프랑스 | 곽미성

9 **자기 인생의 철학자들** 평균 나이 72세, 우리가 좋아하는 어른들의 말 | 김지수

10 **곰돌이가 괜찮다고 그랬어** 나의 반려인형 에세이 | 정소영

11 **키티피디아** 고양이와 함께 사는 세상의 백과사전 | 박정윤 외

12 **작별 인사는 아직이에요** 사랑받은 기억이 사랑하는 힘이 되는 시간들 | 김달님

13 **여행 말고 한달살기** 나의 첫 한달살기 가이드북 | 김은덕, 백종민

14 **자존가들** 불안의 시대, 자존의 마음을 지켜 낸 인생 철학자 17인의 말 | 김지수

15 **일기 쓰고 앉아 있네, 혜은** 쓰다 보면 괜찮아지는 하루에 관하여 | 윤혜은

16 **당신의 이유는 무엇입니까** 사는 쪽으로, 포기하지 않는 방향으로 한 걸음 내딛는 | 조태호

17 **쉬운 천국** 뉴욕, 런던, 파리, 베를린, 비엔나 잊을 수 없는 시절의 여행들 | 유지혜

18 **매일 읽겠습니다** (에세이 에디션) 책과 가까워지는 53편의 에세이 | 황보름

19 **애매한 재능** 무엇이든 될 수 있는, 무엇도 될 수 없는 | 수미

20 **주말엔 아이와 바다에** 몇 번이고 소중한 추억이 되어 줄 강릉 여행 | 김은현, 황주성, 이서

21 **진짜 아픈 사람 맞습니다** 교도소로 출근하는 청년 의사, 그가 만난 감춰진 세계 | 최세진

22 **출근하지 않아도 단단한 하루를 보낸다** 일찍 은퇴한 사람들의 습관책 | 김은덕, 백종민

23 **다른 삶** 다른 삶을 살기 위해 어떤 이는 기꺼이 이방인이 된다 | 곽미성

24 **모두가 기다리는 사람** | 택배기사님과 큰딸

25 **우리끼리도 잘 살아** 뜻밖에 생기발랄 가족 에세이 | 한소리

26 **그렇게 죽지 않는다** 무엇을 생각하든, 생각과는 다른 당신의 이야기 | 홍영아

27 **짧은 휴가** 아는 사람도, 어떤 전제도 없는 시간들의 기록 | 오성윤

28 **다크투어, 내 여행의 이름** 타인의 고통이, 떠나는 이유가 될 수도 있다 | 양재화

29 **외국어를 배워요, 영어는 아니고요** 좋아서 배우는 외국어 공부의 맛 | 곽미성

30 **우울한 엄마들의 살롱** | 수미

31 **이토록 다정한 공부** 어른에게도 성교육이 필요하다 | 김항심

안녕하세요, 어떤책입니다. 여러분의 책 이야기가 궁금합니다.

블로그 blog.naver.com/acertainbook
페이스북 www.fb.com/acertainbook
인스타그램 www.instagram.com/acertainbook_official

점선을 따라 가위로 오려서 보내 주세요. 우표 없이 우체통에 넣으시면 됩니다. ✂

보내는 분

이름

주소

이메일

a
certain
book

도서출판 어떤책

03706 서울시 서대문구 성산로 253-4 402호

우편요금
수취인 후납
발송유효기간
2023.7.1~2025.6.30
서대문우체국
제40454호

점선을 따라 가위로 오려서 보내 주세요. 우표 없이 우체통에 넣으시면 됩니다. ✂

저희 책을 읽어 주셔서 감사합니다. 독자엽서를 보내 주시면 지난 책을 돌아보고 새 책을 기획하는 데 참고하겠습니다.

1. 《이토록 다정한 공부》를 구입하신 이유

2. 구입하신 서점

3. 이 책에서 특별히 인상 깊은 부분이 있다면 무엇인가요?

4. 김향심 작가에게 하고 싶은 말씀이 있다면 들려주세요. 대신 전해 드립니다.

5. 출판사에 하고 싶은 말씀이 있다면 들려주세요.

보내 주신 내용은 어떤 책 SNS에 무기명으로 인용될 수 있습니다. 이해 바랍니다.